SHODENSHA
SHINSHO

生活保護の謎

武田知弘

祥伝社新書

まえがき

今、生活保護が揺れている。

人気お笑い芸人の親族の受給問題や、たびたび報じられる不正受給事件。2012年には生活保護の受給者は210万人を超え、現在、その支出額は3兆円を大きく上回っている。

その一方で、貧困しているのに、生活保護を受給できずに、餓死したり自殺するという事件も数多く報じられている。

ネットなどでは、生活保護者に対して悪意的な書き込みが多い。

「生活保護者は努力をしていない」

「社会のゴミ」

などという書き込みも目立つ。それは、不正受給ばかりがスクープ的に報じられ、生活保護を受けている人たちの実態があまり知られていないからだと思われる。

生活保護というものには、誰もが多かれ少なかれ興味を持っているはずだが、その正確な情報は驚くほど少ない。

生活保護を受ければ、どのくらいのお金がもらえるのか？

生活保護を受けるためにはどうすればいいのか？

そういう基本的な情報さえ、知っている人は少ない。

そのため、誤解も多く生じている。

「年齢が若ければ生活保護は受けられない」

「生活保護を受けたらテレビは所有できない」

などと思っている人も多い。

また生活保護には、マスコミでほとんど報じられることのない〝隠れた重大問題〟が多々ある。

「生活保護費の半分以上は医療費であること」

「日本の生活保護支出が、先進国の中では桁《けた》外れに少ないこと」

などは、世間にほとんど知られていない。しかも重要な問題はそれだけではない。

生活保護における最大の問題は、生活保護予備軍が数千万人単位で存在するということとなのである。そういうことも、マスコミではほとんど報じられることがない。

生活保護というものは、国民にとって「最後のセーフティ・ネット」であり、近代社会には欠くべからざるものである。しかし、現状のシステムには、多くの矛盾がひそみ、その運用には深い闇がある。

本書では、そういう「生活保護の謎」を多角的、具体的に追及していきたい。

2012年6月

武田知弘《たけだともひろ》

目次

第四章　「餓死者」「不正受給」…生活保護の闇　99

第五章　病院、貧困ビジネス…生活保護が食い物にされている　127

第六章　生活保護を必ず受給する方法　149

第七章 日本の生活保護費はアメリカの1割 177

序章

生活保護を受けるにはコツがいる

●「次長課長」河本《こうもと》氏の母親は、なぜ生活保護が受けられたのか？

「年収5000万円の超人気芸人Aの母親が生活保護を受けている」

そんな記事が2012年4月12日発売の「女性セブン」に掲載された。

ご存じのように、この超人気芸人とは、「次長課長」の河本準一《じゅんいち》氏である。この記事を発端として、この「河本事件」はネットなどで大きな議論を巻き起こし、河本氏が謝罪会見を開くなど社会問題にまでなった。

この事件のあらましはこうである。

関西地方のとある県に住んでいる河本氏の母親が、マスコミの取材により、生活保護を受けていたことがわかった。母親は、10年以上前は近所に勤めに出ていたが、体調を崩してからは仕事をやめている。大きな病《やまい》を患《わずら》い、家からもほとんど出ていない。そのため収入がなくなり、生活保護を受けるようになったという。

河本氏はテレビで見ない日はないほどの売れっ子で、レギュラー、準レギュラーが約10本もあり、年収は3000万円とも5000万円とも言われている。

この「河本事件」というのは、いろんな意味において、生活保護という制度の矛盾を象徴しているものだといえる。

おそらく、この事件を知った人の多くは違和感を持ったはずである。「不正受給だろう」と思った人も多いだろう。

それにしても、なぜ河本氏の母親が生活保護を受給しつづけられたのか？

生活保護を受ける条件というのは、本人に収入（資産）があるかどうかということである。

民法では、いちおう、親族に扶養の義務が課せられている。しかし扶養に関して具体的なルールがあるわけではないのだ。

だから「扶養したいけれども、経済的に無理です」と言われれば、役所側がそれを覆《くつがえ》すことはできないのだ。

●なぜ役所は、河本家の生活保護を止めなかったのか？

それにしても、河本氏の収入は、3000万円とも5000万円とも言われるのに、なぜ母親は生活保護を受給しつづけられたのか？

河本氏があれだけ売れっ子になっていたのだから、河本家側は生活保護の受給をやめなくても、役所の側が止めることはできたのではないか？

そういう疑問を持つ人も多いはずだ。

そこに、生活保護制度の盲点があるといえる。

役所は、申請者本人の収入や資産は調査する権限がある。

しかし、その権限は親族にまでは及ばないのだ。生活保護法77条では、役所は、生活保護の受給を開始する前に、家族や親戚に支援を求める手続きをすることもできるとなっている。具体的にいえば、家族や親戚に照会文書を出して「この人は生活に困っているので、助けてやってほしい」と伝えるのだ。もし家族や親戚がそれを受諾しなければ、生活保護の受給が開始される。

しかし、この生活保護法では、親族にどのくらいの財産があれば、どのくらいの扶養義務が生じるなどという具体的な規定はまったく作られていない。

また、役所も、親族に対して照会文書を出すことはできるが、親族の資産や収入を調査する権限は持っていない。役所としては、親族側の回答をそのまま受け入れるしかないのである。

現行の法律では役所が河本氏の資産調査はできないし、河本氏側にも収入や資産のすべてを役所に正確に申告する義務はないのだ（いちおう、経済事情は説明することになっているが、収入の証明書を見せたり、資産を開示したりするまでの義務はない）。

●一方で、餓死者も生活保護が受けられないことも？

生活保護に関しては、不正受給のニュースがたびたび流れる一方で、生活保護を断わられて餓死したというニュースも時々飛び込んでくる。

「なんで餓死するほど貧しいのに、生活保護を受けさせてやらないのだ。役所は何をしているのだ」

多くの人はそう思っているはずだ。

実は、生活保護を受給するには、ちょっとしたコツがいるのである。

そのコツを知らない人は、なかなか生活保護を受給することができない。しかし、そのコツを知っていれば、比較的容易に生活保護を受けることができるのだ。

だから、本当は資格がないのに生活保護を受給している「不正受給」があるかと思えば、本当に苦しいのに助けてもらえずに餓死したりするケースも出てくるのだ。

ここに、生活保護の最大の矛盾が隠されているといえる。

●コツを知っていれば、生活保護は簡単に受給できる

実は、生活保護というのは本来は国の業務だが、運用は自治体に任されている。生活保護費用の4分の3は国が出すが、4分の1は実質的に自治体が負担しなければならない（詳しくは後述）。そのため、自治体としては、なるべく生活保護の受給者を減らしたい。経済的に余裕のある自治体などは、ほとんどないからである。

だから役所は、生活保護の申請希望者を窓口で追い返すなど、乱暴な方法で生活保護の受給者を減らしたりもしている。

しかしその一方で生活保護は、憲法で定められた国民の権利なので、一定の要件を満たしているのに、受給させなければ役所としては法的な責任を問われるのである。

だから、一定の要件さえ満たしていれば、生活保護は簡単に受給できるのである。

一定の要件の中で、もっとも重要なものは次の二点である。

「生活レベルが基準以下であること」

「生活保護の申請がされていること」

つまり、生活レベルが基準以下の人が、生活保護の申請をすれば、必ず生活保護は受けられるのである。

では、なぜ受給できずに餓死したりする人がいるのかといえば、役所が「生活保護の申請をさせない」からなのだ。本当は、役所が生活保護の申請をさせないなどということはできないのだが、市民の無知さにつけこんで、「あなたは生活保護を受給する資格がない」などと嘘八百を並べ立て、申請させないのである。

しかし役所がいくら申請させまいとしても、当人が頑《がん》として申請をすれば、それは必ず受理されるのだ。たとえば、申請書がなくても、便箋《びんせん》一枚にでも「生活保護を申請する」という旨を書いて役所に提出すれば、生活保護は受給できるのだ。多くの市民はこのことを知らない。

一方、河本家は、そのことを知っていたのだろう。河本家は、申請当時はたしかに収入が基準以下だったのだろう。そういう場合は、申請さえすれば、生活保護の受給は必ずできるのだ。

●親族は扶養する義務はないのか？

河本家の場合、たしかに「不正」ではなかった。だが息子が高収入をあげていたのに実の母親が生活保護を受けていたとなれば、世間の感覚から見れば「それはないだろう」ということになるはずだ。

ごく一般的な考えから言えば、経済力がある家族などがいれば援助をしてくれてもよさそうなものである。親戚は無理にしても、親兄弟ならば援助をするのが当たり前のようにも思える。

だが、法律で支援を強制できるわけではない。そのため、親兄弟にいくら経済力があっても、「支援したくない」と言われれば、親兄弟を頼ることはできないのだ。

単純な比較は難しいが、戦前は生活が困窮しているものは親族が助けなければならないという法的な制度があった。戦前は、家長制度というものがあり、国民はどこかの「家」に必ず属していた。そして家長は家族の面倒をみる義務があった。だから、家族がいる限りは、野垂れ死になどをすることはあまりなかったのだ。現代日本にはホームレスがたくさんいるが、彼らには家族がいるものもかなりいるという。家族がいるのに、助けてもらえなかったり、自分から支援を言い出せなかったりして、ホームレスになっているのだ。

戦前の制度をそのまま復活させろなどとは言わないが、今の家族制度というのは、あまりに冷たいとも筆者は思う。日本では、昔から家族で助け合うという文化があったはずだが、それが大いに希薄になっているように思われる。

現代の生活保護制度はけっして充実したものではなく、国はもっと生活保護の改善に力を入れなければならないと思うが、そのこととは別に家族間の経済支援は法制化してもいいのではないかと思う。具体的にいえば、一定以上の経済力を持っている家族は、親兄弟が困窮した場合、支援する義務を持たせてもいいのではないか、と筆者は思うのだ。

●本当の問題は生活保護の不正受給ではない！

今回の「河本事件」をきっかけに、世間の生活保護への関心が高まり、生活保護という制度そのものを見直せという声も出てきている。

自民党の片山《かたやま》さつき議員などをはじめとして、不正受給を徹底的になくし、生活保護費を削減すべきと主張する政治家、評論家も多い。

しかし、しかしである。

生活保護という制度には、まだまだ世間で明るみに出ていない問題が山ほどあるのだ。そして、本当の問題点は、けっして〝そこ〟ではないのだ。

あまり知られていないが、実は日本の生活保護費というのは、先進国の間では最低レベルなのである。支給総額も、受給者の人口割合も、先進国の中では断トツに低い。生活保護受給者が200万人を突破したなどと大騒ぎされているが、世界的に見れば、日本の生活保護費はまだまだ少ないほうなのである。

それは何を意味しているか？

日本では生活保護という制度が、社会保障としてまだ機能していないということなのだ。生活保護を必要としている人はもっとたくさんいるのに、きちんと行きわたっていないということなのである。

そして、さらに生活保護に関して、恐ろしい問題が待っている。

それは、生活保護予備軍が、実は2000万人単位でいる、ということだ。統計的に見て、あと30年後には、必ず2000万人単位で生活保護受給者（資格保持者を含む）が生じる。現在の10倍である。

2000万人が生活保護を受給するようになれば、日本の財政は確実にパンクしてしまう。しかし、これは絵空事《えそらごと》ではなく、明確にデータに表われていることなのである。

今のままで、何も手を打たなければ、生活保護は確実に2000万人（もしくはそれ以上）に達する。

なぜ、そんなことになっているのか？

端的に言えば、1990年代以降の経済政策の失敗のためである。

河本事件以来、不正受給に関することばかりに世間の関心が向きがちだが、この最大の問題点を無視することはできない。

本書では、それらの生活保護の実情、問題点をつまびらかにしていきたいと思っている。

第一章

生活保護が激増した本当の理由

●なぜ生活保護受給者は激増したのか？

２０１２年、生活保護の受給者は２１０万人を突破した。

これは昭和26年の統計開始から初めてのことであり「現代の社会は終戦直後と同じくらいひどいのか」と衝撃を受けた人も多いだろう。

「生活保護受給者が増えたのは、不景気だから」

と思っている人も多いだろう。

しかし、事はそう単純なものではない。

生活保護受給者が急増してきたのは、この10年ほどのことである。この10年の間には、名目上は、史上最長の好景気とされる「いざなみ景気」なるものもあったのだ。しかし、この好景気の間にも、生活保護受給者は増えつづけていたのである。

また「生活保護が増えたのは、不正受給が増えたから」と思っている人もいるかもしれない。たしかに、生活保護において不正受給の問題は見過ごすことはできないものである。しかし、全体的な流れから見れば、不正受給はそれほど大きな存在ではない。

というのも、今の日本社会は、生活保護を受給できるレベル（つまり所得が一定基準以下ということ）の人が激増しているのである。そして、実際に生活保護を受給している人というのは、そのうちのごく一部にすぎない。

現在、生活保護を受給できるレベルの人は、1000万人以上と推定されている。2007年、厚生労働省は、生活保護を受ける水準の家庭がどのくらいあるかという調査を行ない、その結果を発表した（「生活扶助基準に関する検討会・第1回資料」）。この調査結果によると、6～7％は、生活保護の受給要件を満たしていることが判明した。

仮に国民の7％とするならば、約900万人である。実際に生活保護を受けている人は200万人なので、700万人が生活保護の受給から漏《も》れているということになる。

この700万人が生活保護の申請をすれば、その多くは生活保護を受けられるはずである。2010年度の生活保護の不正受給件数は全国で2万5355件である。つまり生活保護には不正受給の二百数十倍の「もらい漏れ」があるのだ。

生活保護の受給者は激増していると言いつつも、実は、低所得者層全体から見れば氷山の一角にすぎないのだ。

しかも、この低所得者というのは、近年、急激に増加しつづけている。今後も今と同じくらいかそれ以上のペースで増えることが予想されている。もしこのまま低所得者が増えつづければ、日本の財政は生活保護だけで破綻《はたん》してしまうだろう。

なぜこれほど低所得者が増えたのか？

この章においては、その点を分析したい。

●生活保護受給率がもっとも高いのは大阪府

31ページの表を見ていただきたい。

これは都道府県別の生活保護の受給率である。生活保護受給者がもっとも多い都道府県は、大阪府である。だいたい30人に一人は生活保護を受けている計算になる。平均的な小学校でいえば、クラスに一人は生活保護を受けているということだ。

生活保護の多い都道府県（2010年）

生活保護率の順位	都道府県名	生活保護率	失業率の順位
1位	大阪	3.3%	5位
2位	北海道	2.9%	4位
3位	高知	2.7%	25位
4位	福岡	2.5%	3位
5位	京都	2.3%	7位
6位	沖縄	2.1%	1位
7位	青森	2.1%	2位
8位	長崎	2.0%	7位
9位	東京	2.0%	7位
10位	徳島	1.8%	16位

次いで北海道、高知、福岡という順になっている。

生活保護受給率が高い都道府県に共通していることは、失業率が高いということだ。この表に載っている10都道府県では、いずれも近年高い失業率を示している。高知県は、２０１０年の失業率は25位だが、２００９年までは10位以内にランクしており、そのときに増えた生活保護受給率をそのまま引き継いでいるといえるだろう。

失業率が高いけれども、生活保護受給率はそれほど高くない秋田県などの例外もある（秋田県は失業率は全国で5番目、生活保護受給率は全国で19番目）が、おおむね失業率と生活保護受給率はリンクしているといえる。

生活保護の受給率は、自治体の方針や県民性などによってても変わってくるので、一概には言えない部分もあるが、それを差し引いたとしても、失業率が高い自治体ほど受給率が高いという数値は明確に出ているといえる。

ということは、生活保護の受給率を減らすには、失業率の改善が必要だということになる。つまりは、経済状況の改善が必要だということだ。

●「高齢化社会」「不況」が、生活保護のキーワード

33ページの表を見ていただきたい。

これは生活保護を受給している世帯の内訳である。この内訳をみると、現在の生活保護者の約半数は高齢者世帯ということがわかる。

しかも、高齢者の割合は、昨今、急激に増加している。平成元（1989）年と平成21（2009）年を比較してみると、高齢者世帯が8・6ポイントも増加してい

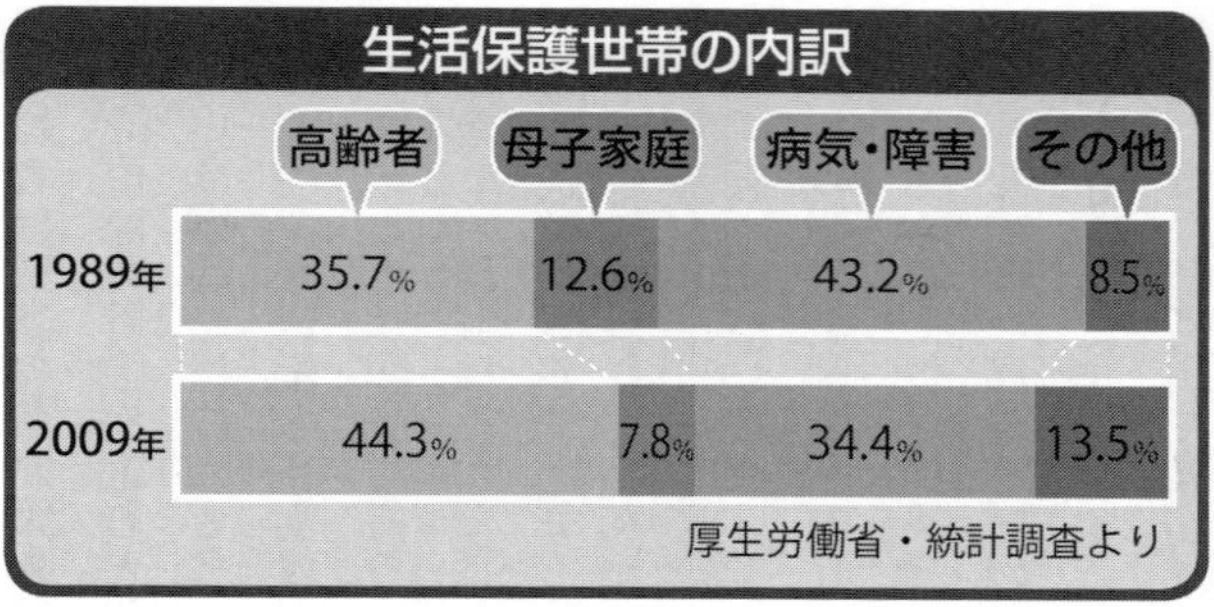
生活保護世帯の内訳
高齢者
母子家庭
病気・障害
その他
1989年
35.7%
12.6%
43.2%
8.5%
2009年
44.3%
7.8%
34.4%
13.5%
厚生労働省・統計調査より

る。これを見ると、高齢化社会の進行が、そのまま生活保護の増大となって表われていることがわかる。

また高齢者以外では、「その他」が急増している。以前は多くを占めていた「母子家庭」や「病気・障害」はその割合を大きく落としている。

「その他」というのは、高齢者でも母子家庭でもなく、病気や障害があるわけでもなくて、生活保護を受けている人、つまりは若くて働けるけれど、失業などで収入が得られない人のことである。

この数字から言えることは、近年の不況が色濃く反映しているということである。若くても仕事のない人が増えており、それが生活保護受給者の激増につながっているということだ。

●高齢者は貧富の差が大きい

「なぜ高齢化社会が進むと生活保護が増えるのか？」

という疑問を持つ人も多いだろう。

日本の金融資産の６割以上は、高齢者が持っているとされ、日本の高齢者は豊かな人が多いような印象もある。

しかし、現実はそうではない。

高齢者のすべてが豊かではなく、豊かな人は突出して豊かだが、貧しい人は他の世代に比べて著《いちじる》しく多いのである。つまり高齢者というのは、各世代の中でもっとも貧富の差が大きいのだ。

日本の個人金融資産の６割は高齢者が持っている反面、高齢者のほとんどは現役世代よりもかなり低い収入で暮らしているのである。

そして昨今、高齢者層の貧困化が急速に進んでいる。

それを顕著に示すデータが、「犯罪白書」である。平成20（２００８）年の「犯罪白書」では、万引で検挙された約10万人のうち、22％が65歳以上の高齢者によるものとなっている。

実に2万人以上の高齢者が万引を働いているのだ。万引という犯罪は、昔は「少年の犯罪」といわれており、そのほとんどが未成年者によるものだった。しかし、近年では、高齢者の割合が、未成年者に肉薄している（未成年者の割合は28％）。

また万引に限らず、高齢者の犯罪が近年激増しており、しかも犯罪の65％が窃盗なのである。高齢者の窃盗というのは、ほとんどが生活に困ってのことである。

「困窮している高齢者が激増している」ということは、紛《まぎ》れもない事実であり、高齢者の生活保護受給者が増えているのは、まったく不思議ではないのだ。

●年収100万円以下の人が激増

近年、低所得者が急増しており、それは当然のことながら、生活保護の受給増につながる。

近年、まともに働いても、生活保護水準以下の収入しか得られない「ワーキングプア」が激増している。

年収100万円以下の人は、以下の表のように近年激増している。平成13年には、311万9000人だったが、平成21年にはなんと400万人近くにまで増えている。3割以上の増加である。平成23年には、リーマンショックの影響を脱したので、若干持ち直しているが、それでも10年前に比べれば50万人も多い。

この表の数値には、フリーターや季節労働者は含まれていない。年間を通して、給料をもらっている人だけを対象にした統計である。つまり、年間を通して働いて、所得が100万円いかないという人がこれだけいるということだ。もし派遣社員、フリーターやニートを含めれば、低所得者層というのはとんでもなく多い数字になるはずである。

年収100万円以下というと、どこの地域に住んでいても、生活保護の基準以下ということになる。だから、この人たちは、誰かに養われていない限りは、いつでも生活保護を受ける権利があるのだ。

この年収100万円以下の人たちの伸び率から見れば、生活保護受給者の伸び率はまだまだ低いといえる。もしこの年収100万円以下の人たちが生活保護を申請する

年収100万円以下のサラリーマンの数

年(平成)	人数(万人)	サラリーマン全体との割合(%)
13年	311万9千人	6.9%
14年	312万3千人	7.0%
15年	329万8千人	7.4%
16年	341万7千人	7.7%
17年	355万5千人	7.9%
18年	360万5千人	8.0%
19年	366万2千人	8.1%
20年	381万1千人	8.4%
21年	398万9千人	8.9%
22年	361万1千人	7.9%

国税庁・民間給与実態統計調査より

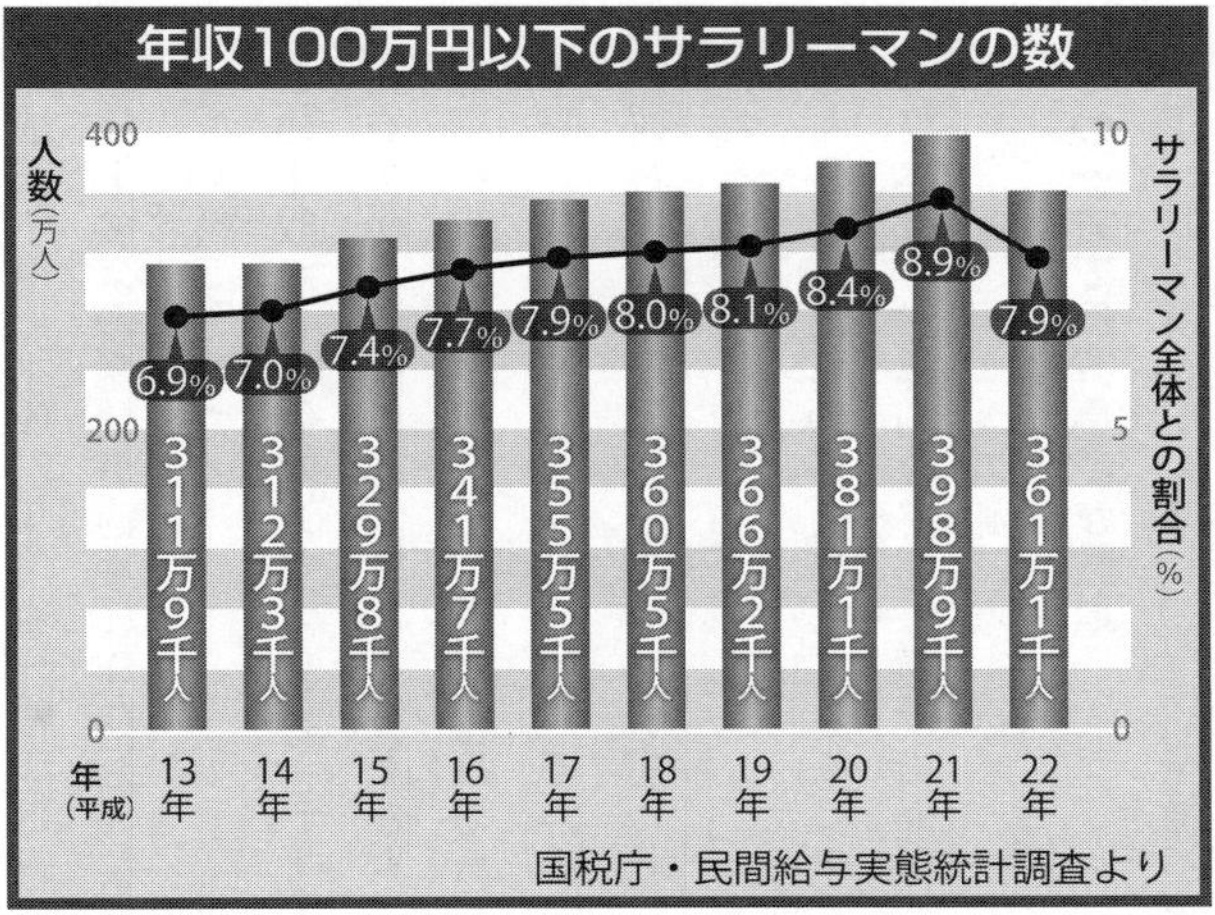

ようになれば、受給者の数は跳ね上がるのである。

また年収200万円以下のサラリーマンの人数も、次のように、この10年でひじょうに増加している。

〔年収200万円以下のサラリーマン数〕

平成11年度　　803万7千人
平成21年度　1099万9千人

（国税庁・民間給与実態統計調査より）

平成11年度と平成21年度を比較すると3割近くの増加を示していることがわかる。サラリーマンの総数が約4500万人なので、だいたい4人に一人は年収200万円以下ということになる。

この年収200万円というのは、「手取り額」という意味ではない。税金や社会保険料を引かれる前の額面である。だから、手取り額はこれよりさらに少ない。月10万円行くか行かないか、というところである。

年収200万円というと、食っていくのがやっとである。都会では、まともな部屋の家賃が払える収入ではない。家族人員によっては生活保護水準以下の生活を余儀なくされるはずだ。

これらの人たちの多くにも、本来は生活保護受給の権利があるはずだ。つまり、現代の日本は、潜在的な生活保護受給権利者を実に多く抱えているということである。

●その一方で億万長者が激増

近年、低所得者が激増し、生活保護が急増した最大の要因は、社会の格差化だといえる。

「不況だから低所得者や生活保護が増えた」

と世間では思われているが、データを詳細に検討していくと実はそうではないことがわかる。

生活保護受給者が増え始めたのは、1995年以降のことである。

1995年以降、日本の経済社会がどう変わっていったか、ということを見たとき、もっとも目につくのは、「格差化」である。「格差社会」というのは、1990年代の後半から言われるようになったが、まさしく生活保護受給者の激増とリンクしているのだ。

これは、物理的に考えても、当たり前のことである。社会が格差化して、貧困層が増えれば、生活保護受給者が増えるのは当然である。

「本当は、日本はそれほど格差社会ではないのではないか？」

という声もある。しかし、これはしっかりしたデータを把握し損《そこ》なっている人の意見だといえる。

データを見れば、近年日本社会が格差化しているのは、紛《まぎ》れもないことである。

国税庁の統計では億万長者の数は、この10年で最低でも3倍以上となっている。次ページの表のとおり、年収5000万円を超すサラリーマンは、この10年で2・5倍も増えている。41ページの表は、国税庁の統計記録であり、国税庁のサイトで誰でも見ることができる。このデータは企業が社員の源泉徴収をしたときの申告を元にしたものであり、アンケート調査などと違って、限りなく現実の数値に近いものである。

平成11（1999）年には、年収5000万円を超すサラリーマンは8000人ちょっとだったのが、2006年には2万人を超えているのである。彼らに対する支払総額も2006年時には、1兆8000億円を超えており、一人当たりにすると9000万円近くになる。

年収5000万円以上ということは、数年で億単位の資産を築けるので「億万長者」と言っていいはずである。その億万長者が、この10年で倍以上に増加しているわけである。

しかも、この数値は給与所得者（サラリーマン）だけのものである。サラリーマン

この10年の年収5千万円以上のサラリーマン増加状況

年	人数（人）	総額（億円）
1999	8070	6227
2000	12133	9522
2001	13149	11039
2002	12468	10309
2003	12165	10510
2004	14566	12449
2005	16594	14137
2006	21270	18687
2007	19817	17822
2008	19982	17010

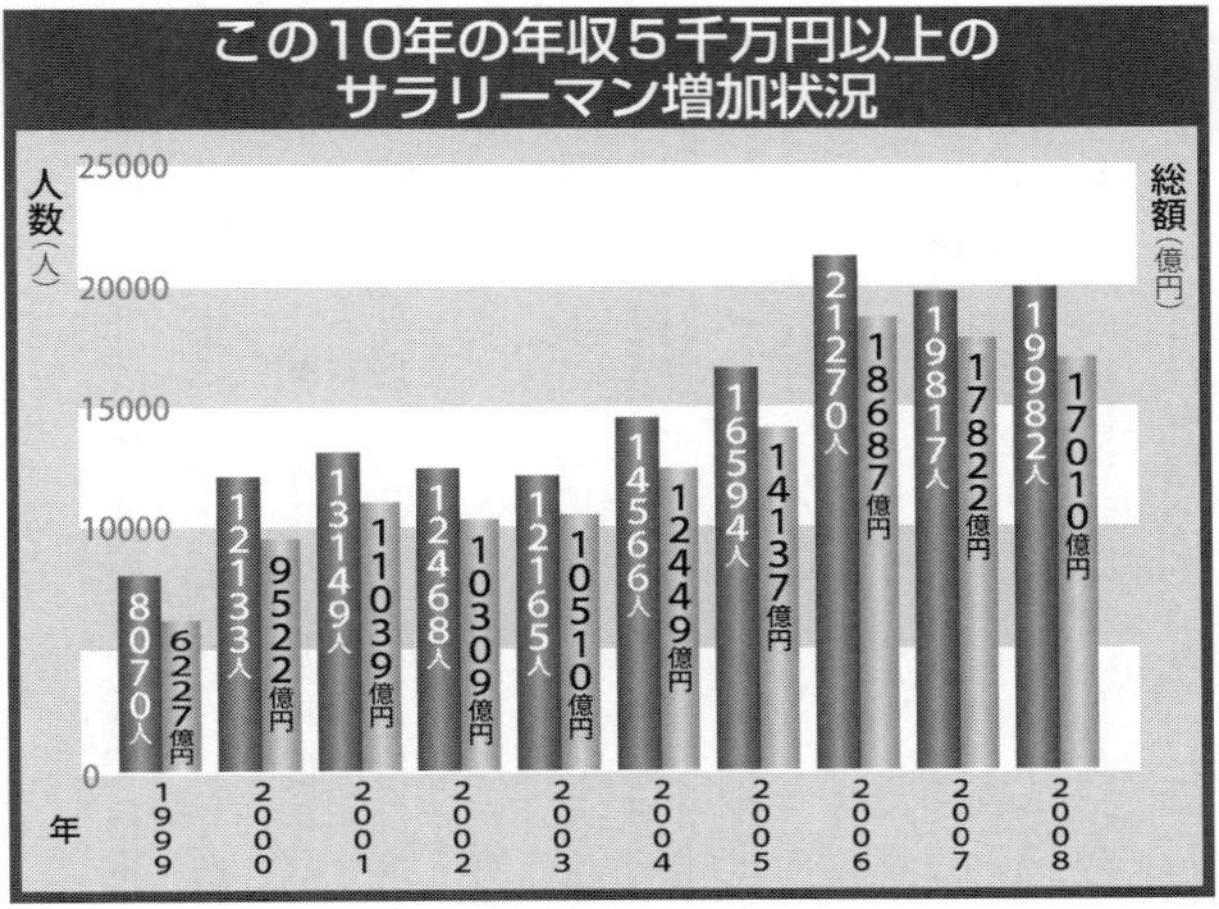

以外の者を見てみると、もっと高額所得者が増えている。

個人事業者の年収5000万円超の者は、この10年でなんと13倍になっている。1999年にはわずか574人しかいなかったが、2008年には7589人に増えているのだ。

個人投資家なども含めれば、この数値はさらに跳ね上がるはずだ。2003年の税制改正で、投資家は確定申告をしなくていいことになっているので、個人投資家の明確な収入統計情報はない。しかし企業の株主配当の総額はこの10年で4倍になっているので、個人投資家の億万長者も激増しているはずなのだ。

これらのデータから推計すれば、日本人全体の億万長者は、少なく見積もっても10年前の3倍以上にはなっているはずである。

その一方で、サラリーマンの平均年収は下がりつづけている。この10年間、サラリーマンの平均年収が上がったことは一度もない。この10年間には、好景気と呼ばれる時期もあったのだが、サラリーマンの年収にはまったく反映されていないのだ。

この数値を見たとき、日本社会の格差化を否定できる人はいないはずだ。これらのデータは、国税庁のホームページを見れば誰でも確認することができる。

なのに、なぜ「本当は日本の格差化はそれほど進んでいない」などと述べる経済学者、アナリストがいるのか？

彼らは、国税庁のデータを見ていないからである。

彼らの論拠は、OECDが発表したジニ係数の数値だけであり、国税庁の国民年収データなどは一切用いていない。おそらく彼らは、日本人の年収が明確にわかる国税庁のデータの存在を知っていないと思われる。国税庁のデータを見れば、超高額所得者層がこの10年で激増し、低所得者層が拡大していることは一目瞭然なのである。

そして、生活保護者層が激増した最大の理由もここにあるのだ。

●小泉時代に激増した生活保護受給者

それにしても、なぜ日本でこのような格差社会が生じてしまったのか？

最大の要因は小泉内閣の経済政策にある、といえる。

小泉内閣の時代、２００２年から２００７年までの間、史上最長記録となる長期好景気の時期があった。

これは、史上稀《まれ》に見る好景気とされ「いざなぎ景気を超えた景気」ということで、「いざなみ景気」と政府に喧伝《けんでん》されたこともある。

しかしこの期間、好景気であることを実感した人はあまりいなかったのではないだろうか？

それもそのはずである。

小泉内閣のこの好景気の時代、見事なほどにサラリーマンの平均給与は下がっている。45ページの表のとおり、1999年から10年間、サラリーマンの平均給与が前年を上回ったことはないのである。

「自分は好景気を実感していない」

と思った人は、錯覚をしていたわけではない。実際に、国民のほとんどは収入が下がっているのである。

この好景気というのは、企業の利益や株式相場などを基準としたもので、国民の財布を潤《うるお》したものではなかったのだ。この好景気を収入の面から分析すると、国民全体の収入は減っているけれど、ごく一部の億万長者だけが激増している、という構図が浮かび上がってくる。

そして、日本全体の収入が下がっているので、最下層にいる人たちは持ちこたえられなくなって、ワーキングプア、ホームレス、ネットカフェ難民になっている、ということである。つまりはこの好景気は格差を広げただけである。

生活保護の受給者もこの間に激増しているのだ。

日本の生活保護受給者は、経済社会の高度化とともに少しずつ増えてきた、と思わ

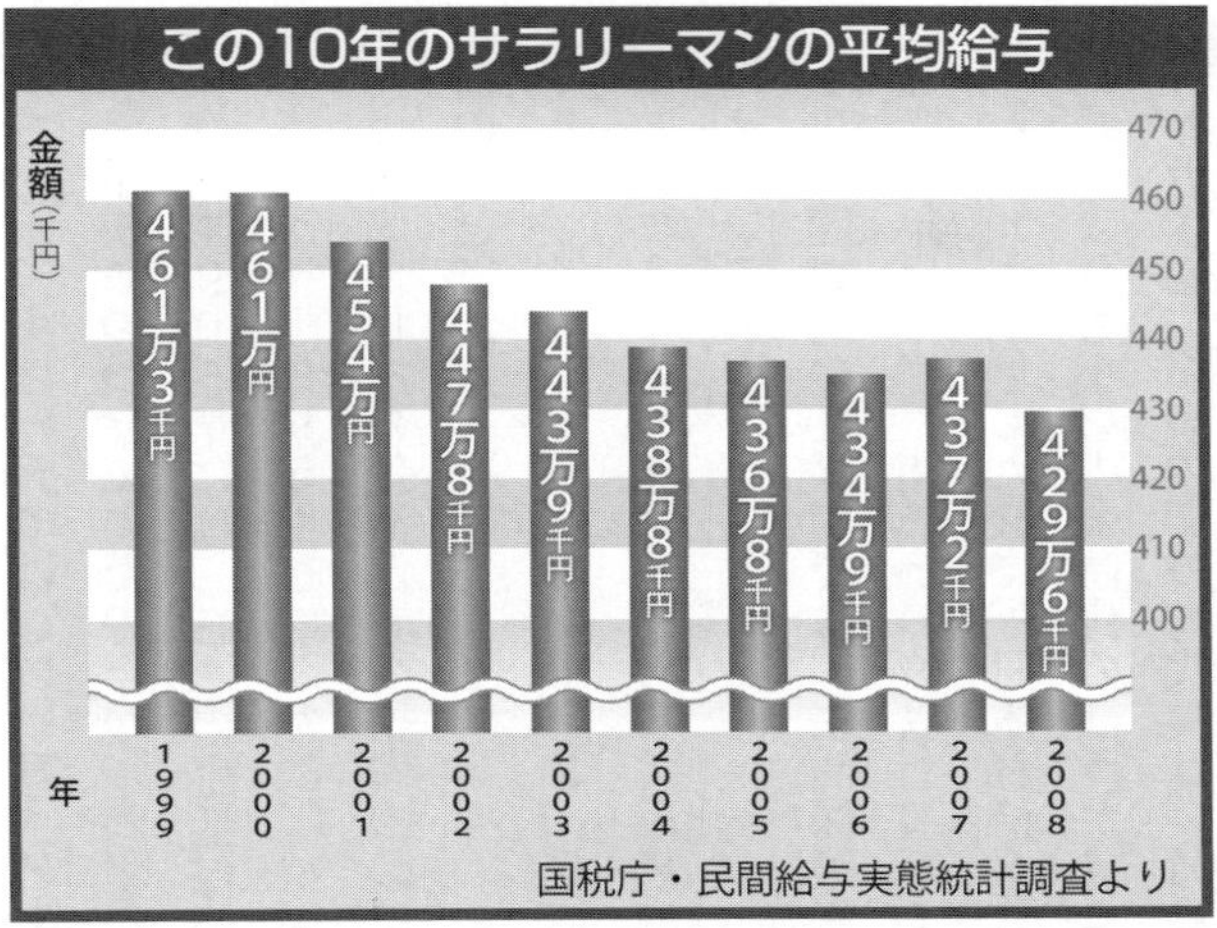
この10年のサラリーマンの平均給与
金額(千円)
470
460
450
440
430
420
410
400
461万3千円
461万円
454万円
447万8千円
443万9千円
438万8千円
436万8千円
434万9千円
437万2千円
429万6千円
年
1999
2000
2001
2002
2003
2004
2005
2006
2007
2008
国税庁・民間給与実態統計調査より

生活保護世帯と人数の推移

年	世帯数	人数	人口比
1952年	70万2千	204万3千人	2.4%
1962年	62万4千	167万4千人	1.8%
1972年	69万2千	134万9千人	1.3%
1982年	77万	145万7千人	1.2%
1992年	58万6千	89万8千人	0.7%
2001年	80万5千	114万8千人	0.9%
2002年	87万1千	124万3千人	1.0%
2006年	107万6千	151万4千人	1.2%
2011年	149万7千	200万人	1.6%

■ 小泉内閣の期間

れがちだが、実はそうではない。日本の生活保護は、終戦直後をピークに、その後はずっと下がりつづけていたのだが、わずかこの10年の間に激増しているのだ。

実は、1995年には、日本の生活保護受給者は過去最低（72万世帯88万人）を記録していた。1995年というのは、バブルが崩壊して一段落ついたころである。この時点まで、日本の生活保護受給者の数は下がりつづけていたのだ。今からわずか17年前のことである。

そして、それから17年の間で、2・5倍以上の増加をしているのだ。しかも、小泉内閣時代にもっとも激増している。小泉内閣時代に生活保護受給者はほぼ40万人近くも増えているのだ。

小泉内閣以前の10年間では、生活保護者は15万人しか増えていない。しかし、小泉内閣の5年足らずの間にその倍以上増えているのだ。小泉内閣以前の10年間というのは、バブルが崩壊した後で、日本経済がもっとも苦しかったと言われる時代である。その時代よりも小泉内閣時代のほうがはるかに生活保護者を出しているのだ。

繰《く》り返すが、小泉内閣の時代には、名目の上では史上最長となる好景気の時期もあったのだ。その間に、これだけ生活保護受給者が増えているのである。

小泉内閣の経済政策が、いかに金持ちを優遇していたか、低所得者を増やしたかということである。

小泉元首相は国民に「痛みに耐えてくれ」と呼びかけたが、その国民の我慢とは、億万長者を誕生させるためだけのものだったのだ。

生活保護受給者が激増している最大の要因はここにあるのだ。

●株主の収入は4倍に

では小泉内閣の経済政策がなぜ低所得者や生活保護者を増やしたのか？　それを具体的に見ていきたい。

この10年間で億万長者が激増していることは、すでに述べたが、実はそれとともに企業の配当金も激増しているのだ。

49ページの表のように平成11年（1999）度の企業の配当額（株主の取り分）は5兆2340億円だった。しかし、平成19年（2007）度には、20兆円以上が配当されている。実に4倍増である。

リーマンショックの影響でさすがに平成20年度は若干下がっているが、それでも10年前の3倍である。

株主に配当されている20兆円という数字は、大変な額である。年間の国税収入の半分以上にも及び、防衛費の5倍にも及ぶのである。つまり日本経済は、この10年間で勤労所得を削り、不労所得を増すというシステムに変化していったわけである。

そして企業の配当額の推移を見ていると、小泉改革の最盛期に急増しているのがわかる。平成16（2004）年と平成17（2005）年を比べると、ほぼ2倍に急増している。

では、この間、サラリーマンの収入は増えたのかというと、総額で5％程度の微増である。しかもサラリーマンの総数は増えているので、平均給与としては減りつづけているのだ。

小泉内閣では、投資家優遇税制を敷くなど、投資家に対して圧倒的に優遇する政策を行なってきた。そのため、株価は上がり、名目的には好景気とされてきた。

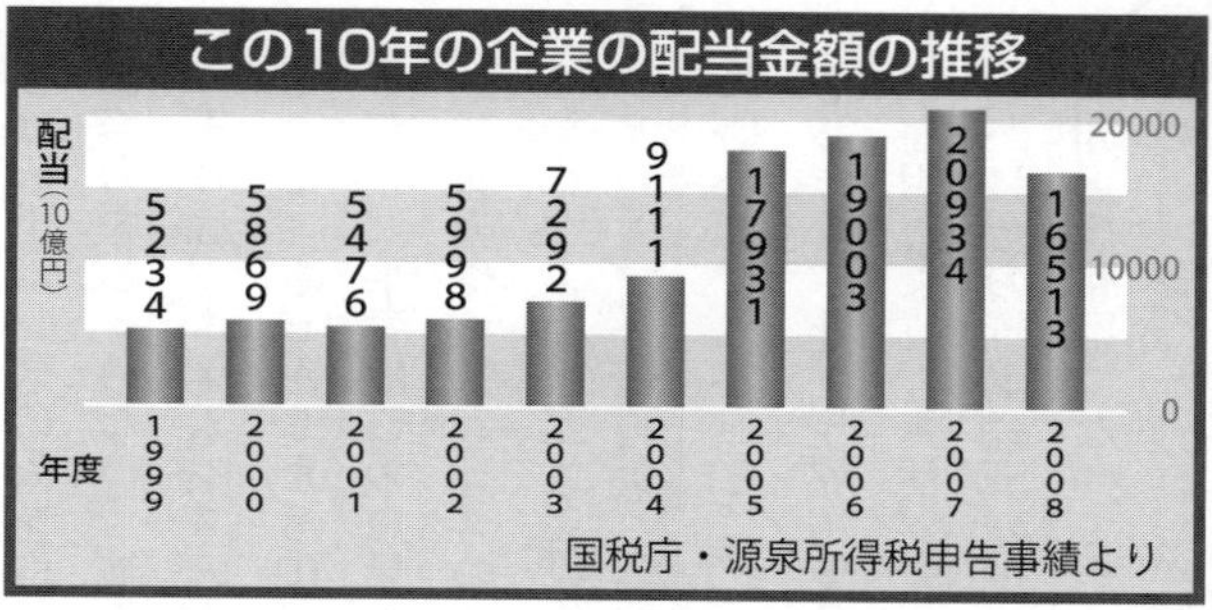
この10年の企業の配当金額の推移
配当（10億円）
5234
5869
5476
5998
7292
9111
17931
19003
20934
16513
20000
10000
0
年度
1999
2000
2001
2002
2003
2004
2005
2006
2007
2008
国税庁・源泉所得税申告事績より

しかしデータを詳細に見ていけば、小泉内閣の好景気というのは、なんのことはない、企業は社員の給料を削って利益を出し、それを株主に配当していただけなのである。

●生活保護受給者は努力不足か

生活保護に関して議論されるとき、必ず言われることが「生活保護を受けている人は努力していない」ということである。

インターネットなどでも、生活保護に関しての発言の多くは「税金で食わせてもらっている無能者」というような趣旨である。

筆者が以前、ビジネス誌最大手のデスクと話をしたとき、そのデスクがこういうことを言っていた。

「私はホームレスの人を取材したことがあるが、ホームレスの人たちは、能力がない上に努力をしていない。彼らはなるべくしてホームレスになった」

つまりは、ホームレスの人たちは自業自得《じごうじとく》と言いたいわけである。

これは、もしかしたら国民の多くを代表する意見かもしれない。

しかし、筆者はこの意見はまったく間違っていると思う。

生活保護やホームレスの問題というのは、そういう「精神論」で片づけられるものではなく、「数理論」で解決しなければならない問題だからだ。

というのも、現在の日本では、まともな収入を得られる「正規雇用」の枠《わく》がひじょうに小さくなっている。

もし、今、非正規雇用で貧しい生活を余儀なくされている人が、まともに努力して正規雇用となり、生活が安定したとする。

しかし今の日本経済の現状を見れば、一人が正規雇用になった場合、正規雇用の誰かが非正規雇用になっているわけであり、非正規雇用の総数に変化はないのだ。

つまり、「安定した生活ができる人」の枠が限られているのだから、個人の努力で解決できる問題ではないのだ。

しかしもし彼らが努力をして生活を立て直したとしても、今度は次に能力がない人たちと立場が入れ替わるだけなのだ。今の日本経済では、「まともな生活が営めない人たち」というのは、必ず生じるような仕組みになっている。しかも、そういう人たちが増えるような仕組みになりつつある。

この部分を改善しなければ、生活保護の問題というのは、今後どんどん巨大化し、日本を苦しめることになるはずだ。

第二章

生活保護の誤解と真実

●生活保護はどんなときに受けられる？

本書は生活保護をテーマにしたものである。

近年、生活保護の受給者が激増しているのはなぜか？ なぜ不正受給事件が後を絶たないのか？ その一方で、なぜ餓死者が出るのか？ そういう疑問について、検証していきたいと考えている。

「生活保護」というのは、ひじょうによく聞く言葉であり、誰もが知っているものだろう。しかし、生活保護の制度が実際にどうなっているのか、ということはあまり知られていない。「生活保護」とは、国や自治体が経済的に困窮《こんきゅう》する国民に対して最低限度の生活を保障する費用を支給する制度だ。

受給するためにはどういう条件があるのか？

生活上の制限はあるのか？

そういう基本的な情報が、実はあまり流れていない。

生活保護を語るにはその基本的な情報が不可欠なので、本章ではそれを確認しておきたい。

また生活保護に関しては誤解も多い。

「生活保護を受給していると、テレビが見られない」とか「高校に行けない」などと思っている人も多い。また「住所がないと生活保護を受けられない」とか、「若くて健康な人は生活保護を受けられない」と思っている人も多い。

そういう生活保護にまつわる誤解や都市伝説についても、本当のところを説明していきたい。

●日本人であれば、誰でも生活保護を受けられる（外国人も一部可）

まず、基本中の基本だが、どういう人が生活保護を受けられるのか？　ということを確認しておきたい。

現行の法制では、生活保護を受ける条件は、次の４つとなっている。

1　日本人であること。
2　生活保護の申請がされていること。

3　収入が基準以下であること。
4　資産が基準以下であること。

この4つの条件さえ、クリアしていれば、生活保護は誰でも受けることができるのだ。生活保護というのは本来は、驚くほどハードルが低いものなのである。

では4つの条件について詳しく見ていこう。

一つ目の条件「日本人であること」について。これは、当たり前と言えば当たり前である。しかし現状では、日本人であっても、住民票がなければ生活保護の申請を断わられるなど、この原則が無視されることがある。詳しくは後述するが、住民票がなくても生活保護は受けられるのである。日本の国籍を持ってさえいればいいのだ。

またこの日本人であること、という条件には例外もある。

日本人ではなくとも、難民認定者や永住者、もしくは日本人、永住者の配偶者などは、生活保護を受けることができるのだ。そのことが、在日外国人の不正受給問題を時折、引き起こしている。ただこの問題は、本書の趣旨とは少しはずれるし、容易に語れることではないので、本書では取り上げない。

●生活保護は申請しなければ絶対にもらえない

次に2の「生活保護の申請がされていること」についてだが、生活保護は、申請されて初めて受給する権利が与えられるということだ。

生活保護の大原則として「申請主義」というものがある。

言い換えれば、「生活保護は申請しなければもらえない」ということである。生活保護を受けたいと思っている人は、自らの意思で申請しなければならない。申請をせずに、役所のほうから「あの人は生活が苦しいみたいだから、生活保護を受けさせてあげよう」などということは絶対にないのだ。

生活が苦しい人に、地域の世話役などが「生活保護を受けたらどうですか？」というような声掛けをすることはあるが、それでも本人の申請は必ず必要となる（昨今では、そういう声掛けもほとんどないという）。

ターミナル駅周辺に寝泊まりするホームレスを見て、「国はなぜあの人たちに生活保護を受けさせてやらないのだろう」と思った人も多いかと思う。それはこの「申請主義」のためなのである。国が、ホームレスの人たちに対して、積極的に「生活保護を受けさせてあげますよ」とは絶対に言わないのである。あくまで、彼らが申請をしてからでないと支給しないのだ。

詳しくは後述するが、この申請主義を逆手《さかて》にとって、財政状況が悪い自治体などは「申請をさせない」よう仕向けることで、生活保護を抑制したりしている。

●おおよそ月12万円以下の収入ならば、生活保護を受けることができる

次に3の「収入が基準以下であること」について。

その人の収入が、厚生労働省が定める基準額を下回っているということだ。

都心部の一人暮らしの健常な50歳の男性の場合、収入が家賃を差し引いて月8万1610円以下の収入であれば、生活保護を受けられることになる。だからこの人がもし家賃4万円のアパートに住んでいた場合は、月12万1610円以下の収入であれば生活保護が受けられるということである。

市区町村によって基準額の差はあるが、おおむね月12万円以下の収入ならば生活保護を受けることができるといえる。実際はもう少し複雑な計算があるのだが、だいたいこの基準額を目安と思っていればいい。厚生労働省の定める基準額は、地域や家族構成などによって変わってくる。この基準額は、厚生労働省のサイトに載《の》っている。

もちろん家族が多ければ、基準額は高くなる。

夫婦に小中学生の子供二人の家庭の場合は、だいたい月25万円以下の収入であれば生活保護が受けられる。この条件を見れば、該当する人はけっこう多いのではないだろうか?

●半月分以下の生活費のお金しか持ってはいけない

最後に4番目の条件、「資産が基準以下であること」について。

生活保護の建て前として、資産がある人は、その資産がなくなってからしか受給できないということになっている。その資産とは具体的に言えば、預貯金、車などである。

預貯金は、生活費の半月分以下までは認められる。

生活保護が申請されてから、支給が決定するまで2週間程度を要するので、その間の生活費分の預貯金は認めましょう、ということである。

しかし半月分の預貯金しか認められない、というと、生活保護が支給されるまではギリギリの生活ということになる。もし生活保護の申請が却下されたら、その人の生活はどうなるのだろうか？

こういう点が、生活保護という制度の現実からかけ離れた部分だと筆者は思う。普通に考えて、半月分以下の残金しかなかったら、その人にとってはもうほとんど一文無しという気分のはずだ。そうなるまで助けてもらえないというのは、おかしいと言わざるをえない。

●テレビ、エアコンもOK

生活保護の受給者は、贅沢品《ぜいたく》を持ってはならないとされている。

世間では「テレビがダメ」とか「エアコンがダメ」などと言われることもある。たしかに以前はテレビやエアコンは不可だとされていたが、現在では許されている。テレビはほとんどの世帯が持っており、すでに贅沢品とは呼べないからであり、またエアコンも、以前は所有を禁じられていたが、ケースワーカー（生活保護受給者の世話をする自治体の職員）からエアコンを取り上げられた生活保護受給者が脱水症状で入院するという事件が起きてからは、認められるようになったといういきさつがある。

このように生活保護受給者が所有してはならない「贅沢品」というのは、時代によって変わっていくのである。

生活保護は、憲法第25条の「国民は、健康で文化的な最低限度の生活を営む権利を有する」という条文から来ている制度であり、国民の文化程度が上がれば、必然的に〝最低限度の生活〟のレベルも上がるということになる。だから、以前は贅沢だとされていたものでも、一般家庭に普及したものについては、だいたい認められている、というのが現状だ。

なにが贅沢品かという判断は、ケースワーカーの判断にもよる。贅沢品を指摘するのはケースワーカーなので、ケースワーカーが許せばＯＫということである。以前はパソコンはダメと言われていたが、昨今では認められる可能性があるといえる。パソコンはほとんどの人が持っているし、求職活動などにも必要なことがあるからだ。携帯電話なども現在では同じような理由で、許される可能性がある。

また以前は、生活保護を受給している家庭では、高校進学ができないという時期もあったが、現在では高校進学も認められ、学費も支給されている。

なお、ケースワーカーについては、第六章の○ページ以下でくわしく説明するが、福祉事務所で申請希望者の応対をする係員のことである。名称から、福祉の専門家のように思えるが、まったくそういうことはなく、役所の職員にすぎない。

●自動車の所有は原則としてダメ

では次に生活保護受給者が所有してはならないものを見ていこう。

まずもっとも代表的なものは車である。

車を持っている人は、売却してからでないと生活保護を受けることができない。ただし、地方などで、車がないと生活ができないような場合は、認められる。この「車を持ってはならない」という条件のために、生活保護を受ける際に、わざわざ車を手放す人も多いという。しかし車を手放せば、通勤をする際に困るので、そのために仕事ができなくなる、というケースも現実には多々ある。

また生命保険も入っていてはならない。生活保護は、「生活のための費用」だけしか認められないことになっており、生命保険は当座の生活には関係ないということで認められないのだ。生命保険に加入している人は、解約してからでなければ生活保護は受給できない。

ただし、学資保険の一部と、掛け捨て保険の一部は入ってもいいことになっている。目安としては、掛け金が生活費の1割程度までとなっている。

家は、今、自分が住んでいるところで、ローンが残ってなければいい。分譲マンションなどでも同様である。だから、マンションに住んで生活保護を受ける、ということも可能なのである。

しかしローンが残っている家は、処分しなくてはならない。また借地に自分が家を建てて住んでいる場合も、所有できる。この場合は、地代分を住宅扶助として受け取ることができる。ただし、地代が住宅扶助の上限を超えるような高い土地に住んでいる場合は、転居を指導されることもある。

貸家や貸地などの不動産を持っている場合は、処分しなくてはならない。ただし農地など、収入に関わるものについては認められることもある。

●NHK受信料、社会保険料も無料…生活保護受給者の特典

生活保護受給者には、生活費の支給だけではなく、さまざまな特別待遇がある。

まず社会保険料が全額免除となる。国民健康保険や国民年金の掛け金は払わずに、掛け金を払ったのと同じ待遇を受けられる。生活保護を受給している間は、年金は払っているものとしてカウントされる。

そして、医療費は、健康保険料がいらないだけではなく、自己負担分も免除される。だから薬代も含めて医療費はまったく無料ということになるのだ。ただし、自己負担分を免除にする場合、福祉事務所からそのつどチケットをもらわなければならないために、急患のときなどには利用できない（こういう病気で病院に行きたいという

生活保護受給者の主な特典

住民税	免除
固定資産税・都市計画税	減免
国民健康保険	免除
医療費自己負担分	免除
国民年金	免除
水道料金、下水道料金	免除 （自治体によって条件は異なる）
公営住宅	光熱費等が免除 （自治体によって条件は異なる）
ＮＨＫ受信料	免除
高校授業料	免除
その他	自治体によって交通機関の無料券など各種の無料、割引制度あり

ことを申請しなければならないので、事前にチケットをもらっておくことはできない）。

また住民税や固定資産税などの税金も免除される。ＮＨＫの受信料や高校の授業料なども無料である。

その他に自治体によって、交通機関の無料券などの特典がある。

●生活保護の内容は自治体によって違う

生活保護の内容は自治体によって、若干違う。

生活保護費の計算自体は、国が定めた基準通りに支払われるが、その他の臨時的に支払われるものや、交通機関のサービス券などが自治体によって違うのだ。

たとえば、生活保護の臨時的に支払われるものに、「家具什器《じゅうき》費」というものがある。これは炊事器具、家具などが必要なときに、その購入費用が支給されるものである。生活保護の受給者が、「冷蔵庫がないから冷蔵庫を買いたい」という具合に申請し、認められれば最大3万9700円が支給されるのである。

この「家具什器」に含まれる品物の範囲が自治体によって違うのだ。冷蔵庫が認められる自治体もあれば、認められない自治体もある。洗濯機もしかりである。冷蔵庫が認められない地域に住んでいる人は、食材を長期間保存できないので、食べきれるものをそのつど買わなくてはならない。

また洗濯機が認められていない自治体に住んでいる人は、手で洗濯するか、コインランドリーを使わなければならない（家具什器費が支給されない場合でも、ものによっては通常の生活保護費から自分で捻出《ねんしゅつ》するならば購入できる場合もある）。

また所有していいもの、悪いものなども自治体や地域によって変わってくる。たとえば、自動車やバイクの所有は原則として禁止されているが、交通の便が悪い地域などは、認められているケースもある。

●仕事をしていても生活保護は受けられる

生活保護に関して、世間では都市伝説的な誤解がたくさんある。

また国民が生活保護の制度をよく知らないのをいいことに、役所がその場限りの言いつくろいをして、生活保護を受けさせないようにしてきた、という経緯もある。ここでは、その誤解を一つずつ解いておきたい。

まず「生活保護は働いている人は受けられない」ということについてである。

これもよくいわれていることだが、嘘なのである。

普通に働いていても国が定める基準以下の収入であれば、生活保護を受けることができる。

たとえば、年収90万円の人がいたとする。この人の生活保護の基準額は１４０万円だった。となれば、差額の50万円を生活保護として受給することができるのだ。

こういう誤解が生じたのは、役所が生活保護を受給させないために、「あなたは働いているのだから、受けられない」などとミスリードしてきたからである。だからワーキングプアやフリーターなどで、いちおう仕事をし、収入がある場合でも、生活保護を受けることはできるのだ。

●若くて健康でも生活保護は受けられる
～ワーキングプアのほとんどは本来、生活保護を受けられる～

「若くて健康ならば生活保護は受けられない」

というのも、よくいわれることである。

しかし、若くて健康であっても、生活保護が受けられるケースもある。

生活保護というのは、前述した通り、収入が一定基準以下の人ならば、誰でも受ける権利がある。それは若くても、健康であっても同様である。

もちろん働けるかどうか、収入を得られるかどうかは、生活保護の認定のときに必ず問われることだ。若くて健康で、働くには何の支障もないのに、働いていない、働く努力もしていないような場合は、生活保護が認定されないケースもある。

しかし子供を抱えている若いシングルマザーなどのように、働けない事情がきちんとあれば、生活保護は受給できるのだ。

またちゃんと働いているけれども、収入が基準以下の人、いわゆる「ワーキングプア」と呼ばれている人たちにも、本来は生活保護を受ける権利がある。この人たちが、生活保護を申請すれば、役所側はこれを拒否できる理由はまったくないのである。

今の経済情勢では、派遣社員やフリーターで、まともな収入を得るのはひじょうに難しい。かといって、正社員になるのもひじょうに難しい。だから、派遣社員やフリーターの多くは、実は潜在的に生活保護受給の権利を持っているのだ。

●生活保護受給者は貯金があってはならないのか？

生活保護に関する噂《うわさ》の中には、「生活保護受給者は預貯金ができない」というものもある。

これは、半分嘘で半分本当である。生活保護を申請する際には、「生活費半月分以上の預貯金があってはならない」となっている。だから預貯金が多い人は、生活保護は受けられない。

しかし、預貯金の多寡《たか》が問われるのは、生活保護を申請するときだけである。いったん、生活保護の受給が開始されれば、支給された生活保護費を切り詰めて預貯金することは許されている。

以前は、「生活保護費というのは生活費なのだから、預貯金は許されない。預貯金する余裕があるならば、国に返すべし」という考え方が取られていた。だから、生活保護受給者が預貯金をしていれば、その分の生活保護費が減額されることになっていたのだ。

しかし、2004年ごろからそれが変わった。

裁判で、生活保護受給者の預貯金が認められるケースが相次いだのである。たとえば、生活保護を受けていた福岡市の夫婦が長女の高校進学のために、学資保険を積み立てていたところ、満期返戻金を受け取った際に、福祉事務所はそれを「収入」だとして、生活保護費を減額するという処置をとった。この件で、夫婦は福岡市を訴え、

2004年に最終的に高裁で勝訴した。

こうした判決が何例かあり、それ以降、生活保護受給者でも、いったん、もらった生活保護費は自由に使っていいし、預貯金をすることも許されることとなったのである。

●生活保護の申請時に資産調査が行なわれる

前項では、生活保護の申請時に、預貯金（半月分以上の生活費）は持っていてはならないと述べたが、では預貯金の有無《うむ》はどうやって確かめるのか？

生活保護の申請をしたときに、福祉事務所は近隣の金融機関で資産調査をすることになっている。これは申請者本人や家族名義の預貯金を調べるものである。

福祉事務所は、申請者に対して「必要なときには福祉事務所は金融機関や職場に対して、資産や収入に関する調査を行なってもいい」という同意書を前もって取っておくことが多い。この同意書に沿って、福祉事務所は金融機関などに照会をかけるのだ。

この資産調査があるため、よほど巧妙に隠したものでなければ、預貯金の残高は福祉事務所に知れることになる。

ただし、当然のことながら現金で保管している分まで、福祉事務所側でチェックすることはできない。そのため、タンス預金を隠して生活保護の申請をする不正受給者も多いと見られている。

●生活保護は借金があれば受けられないのか?

生活保護にまつわる噂として、「借金があれば生活保護は受けられない」というものがある。しかし、これも嘘である。生活保護法には、借金がある人は生活保護は受けられない、などということは書かれていない。

ただ生活保護は、借金の返済には使えないということになっている。

これは「生活困窮者が借金を背負ったまま生活保護を受ければ、生活費を支給してもそれは借金の返済に回されてしまう」からである。それを防ぐために、生活保護のお金が借金の返済には使えないことになっている。だから、金融業者も生活保護受給者から借金の取り立てをしてはならないことになっているのだ。

これは本来は、受給者の生活を守るための制度だが、これを役所側が悪用している現実がある。

生活保護の申請者に借金があれば「あなたは借金があるから、生活保護は受給できない」と言って、窓口で追い返すのである。これもまったくデタラメなことである。

生活保護を借金の返済に使わせないようにするのは、役所の仕事である。借金があるから生活保護を受けさせない、というのはまったく本末転倒な話なのだ。

ただ現実的には弁護士や司法書士にお願いして、自己破産をしてから生活保護を申請したほうが、その人の今後の生活のためにもいいと思われる。闇金《ヤミキン》などから借金をしている人が、生活保護を受けても支給されたとたんに、その支給された金を持っていかれるというケースは多々ある。中には、支給日に役所にまで付いてきて、役所の窓口の前でお金をふんだくっていくようなこともある（それについて、役人は見て見ぬふりをすることも多い）。そうなると、せっかく生活保護を受けても、生活の立て直しができないことは言うまでもない。

債務整理や自己破産などは、思われているより大変なことではない。弁護士費用などは、生活保護が受けられるようになってから払えばいいという弁護士も多いので、それを利用するといいだろう。

「生活に困っている人」と「借金」というのは、ひじょうに関連性が強い。生活に困っている人は、生活保護を受ける前に、お金を借りられるところから借りられるだけ借りていることが多いものだ。ホームレスの人の中にも、借金取りから逃れるために路上生活を始めたという人も少なくない。

だから、「借金があれば生活保護を受け付けない」というようなことがまかり通れば、生活に困っている人の大半を救えないことになる。

厚生労働省のホームページでは、「借金があっても生活保護は受けられる」と記されているが、借金がある人が生活保護を受ける術《すべ》を提示しているわけではなく、現実的には借金があることを理由に生活保護が受けられていない人が数多く存在する。そういう人たちに、厚生労働省がなんらかの対処をしているかというと、まったくしていないのだ。

生活困窮者と借金というものに関しては、国が何らかの救済制度を作るべきだと思われる。そうしないと、ホームレスも減らないだろうし、生活保護費が借金返済に使われることもなくならないだろう。

●住民票がない人でも、生活保護を受けられる

生活保護は、「住民票がなければ受けられない」と言われることがある。

しかし、実はこれも嘘なのである。生活保護の窓口は、自治体（市町村）になっているため、住民票がなければどこが窓口になるのか特定できないため、役所がそれを言い訳にして、生活保護を受け付けていないだけである。

生活保護というものは、憲法で定められた国民の権利であり、国が保障するものだ。自治体というのは、あくまで窓口にすぎない。だから、住所地がなく、窓口となる自治体がないからといって、生活保護を受ける権利が消失したわけではないのだ。

たとえば、ホームレスの人は、自分が住んでいる公園の自治体に生活保護の申請をすればいいのだ。その人がその公園に住んでいるという実態があり、収入、資産など

の条件さえ満たしているならば、自治体は生活保護を支給しなければならない。その上で「公園居住」というのは、憲法で定める最低限度の生活から逸脱しているので、生活保護を受ける際にはどこかに移住することになる。

つまり本来は、現行の法律でも、ホームレスの人たちはいつでも路上生活から抜け出せるはずなのだ。

ただ個人レベルでは、住民票がなければなかなか生活保護が受けにくいということはたしかである。

自治体の窓口に行って、生活保護の申請をしようとしても、「あなたはこの地域の住民ではないので、この役所では管轄していません」と言われれば、それまでである。自治体の職員は、その自治体の行政には責任を持たなければならないが、その自治体の管轄外のことには責任を持たなくていいという建て前だからだ。

住民票がない人の場合は、ＮＰＯ法人や弁護士、司法書士などの手助けがなければ、なかなか生活保護が受けられないのが現状である。

●生活保護を受けている人はどこに住んでもいい？

生活保護に関する誤解として、「生活保護を受ける場合は、市営住宅など家賃の安いところに住まなければならない」というものがある。

しかし、これも誤解である。

生活保護を受けている人には、住む場所の制限などはない。ただし、賃貸住宅に住んでいる場合、生活保護で支給される家賃の上限が定められている。家賃の上限は地域や家族構成によって、違いがある。

ちなみに東京・千代田区で家族4人の場合は、6万9800円が上限である。この上限を超える物件に住んでも原則は構わないが、家賃は上限までしか支給されないので、はみ出た分は残りの生活保護費から払わなければならない。

極端な話をすれば、家賃が20万円もする高級マンションに住んでいてもいいわけである。その分の家賃は出ないというだけだ。生活保護費から出る家賃は6万9800円（東京都23区などの場合）だから、家賃20万円のうち13万200円を自分で負担すれば、いいということになる。もちろん実際にそういうことがあれば、福祉事務所などから指導があるだろうが、原則としてはそういうことになる。

「家を持っていると生活保護を受けられない」というのも嘘である。

持っている家が、自分の住んでいる家なら生活保護を受けることができる。ただし、ローンの残っている家は、手放さなければならない。もしローンが残ったまま生活保護が支給されれば、生活保護がローンの支払いに充《あ》てられることになり、実質的に「家の購入費を生活保護で出している」ということになるからだ。だから、ローンが残っている家は、原則として売却しなければならないということになる。

第三章

家族4人なら月30万円も、もらえる！

●生活保護の支給額は高いのか、安いのか

国民の多くにとって、生活保護に関して一番興味があるのは、いったいどのくらいもらえるか、ということではないだろうか？

昨今、生活保護にまつわる議論の中で「生活保護の支給額が高すぎる」というようなことも、時々言われる。

「生活保護は年金よりも高い」

「ワーキングプアよりもはるかに高い」

というようなことが週刊誌に書かれたりすることもある。だから、生活保護の支給額を下げるべきだ、というように言われる。

その一方で、受給者の間からは、生活保護の支給額が足りなくて大変だというような声も聞かれる。「もう少し生活保護の支給額を上げるべきだ」という主張をするNPO法人などもある。

しかし、実際にどのくらいもらっているのか？　を知らなければ、多いか少ないかを論じることはできない。

この章では、さまざまな家族のケースで、生活保護が実際にどのくらいもらえるのかシミュレーションしてみたい。その上で、高いのか安いのか、なぜそういう金額の設定になっているのか、ということを分析していきたい。

生活保護の支給額というのは、家族構成や地域によっても違う。また、たびたび改定されるため、時間の経過で若干変わることもある。ここで挙げた生活保護の支給額は、東京・千代田区の２０１０年度を基準にしている。その点を留意してご覧いただきたい。

●家族４人（東京・千代田区）の生活保護の支給額は、月30万円！

まずは、小学生、中学生の子供二人がいる夫婦（東京・千代田区）をモデルにしてみよう。

この４人家族の生活保護の支給額を算出すると月30万６７１０円という数字が出た。

小中学生には、学費などの名目で、上乗せがあるので、普通の４人家族よりも若干

夫婦と小中学生の子供2人の4人家族の生活保護の支給額　（東京・千代田区）

基準額	Ⅰ類	148,860円	
	Ⅱ類	55,160円	
児童養育加算		26,000円	
教育支援金	小学生	2,560円	
	中学生	4,330円	
住宅扶助		69,800円	（最高限度額）
合計		306,710円	

（注）これに子供の学級費、給食費や冬場は冬期加算額などがプラスされる

高い。また家族の中に高校生がいたり、障害があって施設に入っている人がいればさらに加算される。

この数字は、東京・千代田区ということで、全国平均よりはかなり高めだといえる。生活保護では各地域によって住宅扶助の額が違ってくるが、東京・千代田区の場合は、住宅扶助の最高額が月6万9800円である。ここでは最高額の6万9800円として計算している。

当然のことながら、東京以外の地域では、住宅扶助の額はもっと減る。だから、その分を差し引くと小中学生の子供二人がいる夫婦の場合、おおよそで月27

～28万円程度もらえるといえる。

また生活保護の受給者は、社会保険料を支払わなくていい。国民健康保険も国民年金も免除されるのだ。それを含めれば、税込み月35～36万円の収入とほぼ同等の生活ができるといえる。

●40歳、一人暮らし（東京・千代田区）では月13万３７００円

次に、一人暮らしの人の生活保護の支給額を見てみよう。

東京・千代田区に住んでいる40歳の人の生活保護の支給額は、住宅扶助を含めて月13万３７００円となっている。東京・千代田区の一人暮らしの人の家賃の上限は５万３７００円であり、ここでは家賃を5万円として算出した。もちろん、東京なので若干高めだが、地方でもだいたい月12万円程度の生活保護の支給額はもらえることになる。

また国民健康保険、国民年金の免除を考慮すると、月収15～16万円、年収にして１８０万円から２００万円相当（税込み）の暮らしができるといえる。

40歳一人暮らしの生活保護の支給額
（東京・千代田区）

基準額	Ⅰ類	40,270円
	Ⅱ類	43,430円
住宅扶助		50,000円 （最高限度額 53,700円）
合計		133,700円

（注）これに冬場は冬期加算額などがプラスされる

フリーターや派遣社員の場合でいうなら、税込み月収15万円ももらえるということ、けっこういい部類に入るだろう。年収にすると180万円以上である。フリーターや派遣社員の人から見れば、仕事をしなくてもこれだけもらえるとなれば、かなり羨《うらや》ましい金額といえる。

筆者もフリーライターを始めたばかりのときは、年収が200万円を切っていたので、生活保護と同レベルの生活をしていたことになる。

精神疾患を装《よそお》って生活保護を不正受給するケースなどが、最近増えているが、これほどもらえるのであれば、そういう気持ちになる人が増えるのも無理はないかもしれない。

●年金より生活保護支給額のほうが月7万円も多い

次に、年金暮らしの夫婦について検討してみたい。

「生活保護支給額は年金よりも多い」

という話もよく耳にする。だから、「年金を掛けないで生活保護を受けたほうがいい」ということである。実際はどうかというと……。

東京・千代田区の70代の老夫婦二人暮らしの場合の生活保護の額は、月18万2550円である。家賃は千代田区の二人暮らしの住宅扶助の最高限度額の月6万9800円として計算している。

社会保険料を払わなくていいことを考えれば、20数万円程度の収入と同等の生活ができると考えられる。東京以外の地域でも、だいたい月20万円程度の収入と同等の生活ができると見ていいだろう。

この20万円という数字を、年金と比べてみよう。

70代の老夫婦の生活保護の支給額
（東京・千代田区）

基準額	Ⅰ類	64,680円
	Ⅱ類	48,070円
住宅扶助		69,800円 （最高限度額 69,800円）
合計		182,550円

（注）これに冬場は冬期加算額などがプラスされる

夫がサラリーマンで40年間、平均的な収入で厚生年金に入っていたとするなら、夫がもらえるのは老齢基礎年金が月６万６０００円、厚生年金から月10万円程度、これに妻の老齢基礎年金が月６万６０００円。合わせて月23万２０００円程度である。

　つまり、夫が平均的なサラリーマンを40年間続けてきた夫婦の年金と生活保護の額はほとんど変わらないのである。

　またもし自営業で国民年金にしか加入していなかった夫婦の場合は、基礎年金しかもらえないので、年金は二人合わせても月13万２０００円にしかならない。

生活保護支給額のほうが7万円も多いことになる。

もちろん、夫婦共働きで、夫婦ともに厚生年金を長年掛けつづけた場合や、高額所得者の場合は、年金のほうが多くなる。

しかし、平均的な年金と比較した場合は、生活保護支給額とほとんど変わらないのである。

「年金に入るより生活保護を受けたほうがまし」というのは、支給額だけを見れば当たっているといえる。特に自営業者などの場合は、40年間、年金を掛けつづけても、生活保護の支給額より月7万円も低いのだから、「年金は払わずに老後は生活保護を受ける」と割り切ってしまう人がいてもおかしくないだろう。

●生活保護の支給額はなぜ高いのか？

それにしても、家族4人で月30万円という支給額の数字はちょっと驚かれた方が多いのではないだろうか？

東京でアパートなどを借り、子供二人を育てるとなれば、月30万円くらいのお金は必要だといえるだろう。しかし今の経済情勢で、月30万円稼ぐというのは、けっこう大変である。

毎日仕事に四苦八苦して、やっと月々の生活費を稼いでいるような人から見れば、この生活保護の支給額というのは、かなり羨ましい金額に映《うつ》るはずだ。

生活保護の支給額というのは、なぜこんなに高いのか？

その原因は、大まかに言って二つあると考えられる。

一つは、近年、サラリーマンの収入が減りつづけたために、生活保護支給額が相対的に高く見えるようになったということである。

生活保護の支給額というのは、「生活基準」で決められている。生活保護というのは、そもそも憲法で「健康で文化的な最低限度の生活」を保障されているために、作られている制度である。だから「健康で文化的な最低限度の生活」をするために、どのくらい必要なのか、ということを考慮して金額が設定される。

30万円という数字も、その面から考えると納得できない数字ではないはずだ。家賃分を除けば、月20数万円である。月20数万円で、育ち盛りの子供二人を抱えた家族4

人で生活するのは、ギリギリだといえるだろう。そうとう節約しても食費だけで、5万円以上はかかるはずだ。光熱費、電話代などの固定費で3万円以上はかかるだろう。となると、食費以外に使えるお金は頑張って捻出しても、だいたい月10万円程度になる。

この10万円で、4人家族の日用品や衣服、子供たちの学用品などを整えなくてはならない。また家財道具などの費用は、なかなか支給してくれないので、それらの費用も捻出しなければならない（冷蔵庫や洗濯機などの家電製品は、最低限度の費用は生活保護から支給されることになっているが、必要性の判断はケースワーカーに委《ゆだ》ねられているので、なかなか支給されない）。これでは、ギリギリの生活だろうし、小遣いに使えるお金などはほとんどないだろう。

しかし、月30万円という数字をパッと見せられたとき、われわれは「え～そんなにもらえるの？」と思ってしまう。これだけの金額を稼ぐのは、今の日本社会ではけっこう大変なことだからだ。つまり、日本の経済情勢が、生活保護の価値を高めているということである。

もう一つの原因は、生活保護という制度が、「生活丸抱え」を基本としていることにある。

生活保護という制度は、ひじょうに硬直化していて、財産が生活費の半月分以下に目減りするまで受けられない一方で、いったん、生活保護を受け始めたら生活全般の面倒を見てもらえることになっている。生活全般の面倒を見るわけだから、生活保護の支給額というのは、必然的に高くなるのだ。

そして、この生活保護の支給額のアンバランスさが、実は日本の社会保障の欠陥を象徴しているものでもあるのだ。

●「まったく働けない人」を基準に作られた生活保護

現行の生活保護制度は「まったく働けない人」を基準に作られている。

まったく収入がない人から見れば、家族4人で月20数万円程度のお金は必要になるはずだ。

生活保護は「収入が低くて生活費が足りない」という人に対してはあまり対応して

いないのだ。

前章で、働いている人でも収入が基準以下であれば生活保護を受けることができると述べたが、現在、仕事をしていて収入のある人が、実際に生活保護を受けている割合は実に少ない。

生活保護の手続きの煩《わずら》わしさや、生活保護を受けることの抵抗感から、受けていない人がほとんどなのである。また低所得者の中には、生活保護が受けられることを知らないという人も多い。

日本の社会保障制度の中では、働いて収入はあるのだけれど、生活が苦しいという人たちを補助するような制度はまったく機能していないと言っていい。いちおう、生活が苦しい人たちのために「生活福祉資金貸付制度」などがあるが、それは「貸し付け」であって、扶助ではない。

つまり、現在の生活保護という制度は、事実上、生活全部を賄《まかな》ってくれるか、まったく賄ってくれないかのどちらか、ということになっているのだ。

●生活保護受給者がなぜパチンコに行ける？

「生活保護を受けている人がパチンコに行っている」

時々そういう話を耳にする。

筆者も、取材の過程でそういう人に出会ったことがある。

60代の一人暮らしの女性で、生活保護を受け始めて20年近く経《た》つ。生活保護を受給する前までは、パートなどで働いていたが、生活保護が受けられるようになるとやめてしまった。彼女は、昼間から焼酎を飲み、時々パチンコにも出かけていた。

彼女に、「なぜパチンコに行くのか？」ということをやんわり聞いてみた。すると、返ってきた答えは、「他にすることがないから」ということだった。することがないならば、働けばいいじゃないかと思うが、彼女によると、仕事をしてもしなくても収入はほとんど変わらない、だから仕事はやめてしまったということだった。

生活費ギリギリのはずの生活保護受給者がなぜパチンコに行けるのか？　ということをここで検証してみたい。

一人暮らしの場合でも、光熱費を月2～3万円で抑《おさ》えれば、食費と含めて月5～6

第三章　家族4人なら月30万円ももらえる！

万円が自由になる。食費を切り詰めれば、月3～4万円は自由に使えるはずだ。もちろん、その金の中から、生活に関する雑多な費用、衣服や生活用品を賄わなければならない。だからこの金額は、けっして多い額ではない。

しかし、そういうものにお金を回さなければ、パチンコ代で月2～3万円を使うことは可能である。衣服や生活用品に関しては、いきおい粗末になってしまう。実際、筆者が出会った女性も、身なりは粗末で、生活も荒れた印象があった。

生活保護を受けている人の中には、仕事をしていない人も多く、必然的に日中何もすることがない。となると、酒かギャンブルに走ってしまうことになる。

また人というものは、ギャンブルや快楽のためならば、食費を削ってもその費用を捻出するものである。食費と含めて月5～6万円は自由になるのだから、それがパチンコ代になっても不思議ではないのだ。

●**金だけ出して、アフターフォローをしない**

生活保護の受給者がパチンコなどに行くのは、もちろん本人の自覚の問題も大きい。

しかし働き口のない者が、暇を持て余せば、わずかな金を無理やり捻出してパチンコに行くということは、「それはそうなるだろう」という部分でもあることはたしかだ。

そして、ここに日本の生活保護制度の欠陥があるといえるのだ。

日本の生活保護制度は、受給するまでの敷居がひじょうに高いわりには、受給が開始された後のアフターフォローはまったく十分ではない。生活保護の受給者が、どんな生活を送っているのかもあまり把握されないし、就職の世話や就職に結びつくような指導などもほとんど行なわれていない。いちおう、そういう制度はあるにはあるのだが、ほとんど機能していないのだ。

そして、生活保護受給者の面倒を見たり、指導したりする役割の「ケースワーカー」の人数が、実はとても少ないのである。ケースワーカーは、一人あたりだいたい80件以上の生活保護受給者を担当している。それだけの人数を担当していれば、ほとんど事務処理だけで忙殺されてしまうはずだ。定期的に受給者の家を訪ねて、生活状況を聞いたり、就職の指導をしたりすることは、まず不可能に近い。

ケースワーカーがもっと増えれば、受給者の指導なども行き届くし、生活を立て直せる人も増えるだろう。不正受給も減らせるはずである。

日本の行政は、大事な部分で予算をケチるので、かえって高くつくというケースが実に多いのである。

●勤労意欲を奪う仕組み
～働けば、その分の生活保護の支給額を削られる～

生活保護の受給者が、いったん受給を始めると、なかなか抜け出せなくなる要因の一つに、「働いて収入を得たら、その分の生活保護の支給額を削られる」という仕組みにあるといえる。

現在の制度では、生活保護の受給者が仕事をして収入を得た場合は、その収入の分だけ生活保護の支給額が削られてしまうことになる。建て前上はいちおう控除額というものが定められており、その控除額分は自分の収入とすることができる。しかし控

生活保護受給者が働いた場合の生活保護の支給額の減額

収入額（月）	減らされる生活保護の支給額	受給者の実質増収額
10,000円	1,660円	8,340円
20,000円	9,590円	10,410円
30,000円	18,220円	11,780円
50,000円	34,780円	15,220円
100,000円	76,780円	23,220円

（平成20年4月・都心部などの「一級地」の場合）

除額はひじょうに低く設定されており、働いた分のほとんどは自分の手元には戻らない計算になる。

たとえば、生活保護の受給者にアルバイトが見つかって、月に5万円ほどの収入を得ることになったとする。となると月5万円の場合の控除額は、1万5222円である。つまり、1万5222円だけは自分のものにできるが、残りの3万4778円分は生活保護の支給額から減額されてしまうのだ。

5万円分働いても、生活費の足しになるのは1万5000円程度ということならば、働かないほうがましということになる。もちろん、生活は税金から拠出されているのだから、収入があった分を控除するというのは、当然のことである。

だが、制度がこうなっている以上、生活保護が必要ないくらいの収入を一挙に得られる人でないと、現実にはなかなか生活保護から抜け出すことはできないのだ。

今のご時世で、一度無職になった人が、生活保護レベル以上の収入を急にもらえるようになるのは容易ではない。となると、一度、生活保護を受け始めた人は、「働かないこと」がもっとも経済的な効率がいいということになる。

だから「生活保護を受けること」に対して、何の抵抗も感じていない人ならば、「どうせ働いても、生活保護の支給額が削られるだけで、収入は増えない。だったら、このまま生活保護を受けつづけたほうが楽」ということになるのだ。

この制度も、「硬直した日本の社会保障」を如実に表わしているといえる。

もし、生活保護受給者が、新たに仕事をはじめても、その収入分を削るのではなく、一定の貯金ができるまでは生活保護の支給額を削らないなどの処置をとれば、働こうと思う生活保護受給者はかなりの程度増えるはずである。詳しくは後述するが、欧米などでは、実際にそういう制度が取り入れられている国もあるのだ。

第四章

「餓死者」「不正受給」……生活保護の闇

●餓死者、不正受給…生活保護はいったいどうなっているのか？

生活保護の世界では、一般の人から見ればなかなか理解できない現象が生じる。

たとえば、よく社会問題となるのが、「生活保護が受給できずに餓死した」などというケースである。こういうニュースが報道されるたびに、なぜ役所は生活保護を支給してやらなかったのだと、疑問に思われる方が多いだろう。

その一方で、生活保護の不正受給などもたびたび問題になる。本当は高収入があるのに生活保護を受けていたり、暴力団関係者が生活保護で豪遊していたなどというケースが後を絶たない。

また最近では、暴力団関係者でなくても不正受給をする者が増えているようである。インターネットなどの情報で知恵を得て、精神疾患を装って生活保護の不正受給をするケースが増えているとみられる。

これらの問題に対して、われわれは首をかしげるばかりである。

生活保護というのは、いったいどうなっているのか？　と。

「なぜ支給すべきところに支給されず、支給してはならないところに支給されているのか？」

この章では、これらの生活保護にまつわる闇の部分に焦点をあてていきたい。

●なぜ餓死事件が頻発するのか？

昨今、日本では「餓死者が出た」というニュースが時々報道される。

2006年6月には、北九州市の市営団地で元タクシー運転手の男性が餓死しているのが発見された。この男性は、死の直前、二度にわたって市に対して生活保護を求めていたが、市はこれを受け付けていなかったことが明るみに出た。

この男性は身体に障害があり、4級の身体障害者手帳も持っていた。死の前年の2005年8月にタクシー運転手の仕事を辞め、生活保護を受給しようとしていた。しかし、市の職員に生活保護の申請を阻《はば》まれたのである。

最初に市へ生活保護の相談に行ったとき、市の担当者は、この男性が電気、水道、ガスを止められていたことも知っていた。しかしこの男性には息子がいたため、「息子に援助してもらえ」と言って追い返した。しかし、息子の援助はなく、この男性はいよいよ切羽詰まってふたたび市へ相談に行くと、「他にも親族はいる」として、また追い返された。それが2005年の12月のことである。そして2006年の1月ごろ、この男性は餓死したとみられている。

翌2007年7月には同じく北九州市で、「オニギリ食いたーい」という文言を日記に記した50代の男性が、ミイラ化した遺体で発見されている。

この男性は、肝硬変を患って働けなくなり、2006年12月から生活保護を受給していた。しかし福祉事務所の圧力で、2007年4月に生活保護辞退の手続きを行なった。この「生活保護辞退」は、もちろんこの男性の意思ではない。この男性の日記には、「生活困窮者は、はよ死ねってことか」などと、福祉事務所に対する不満が述べられていた。

●なぜ市は、彼らに生活保護を受けさせなかったのか？

餓死者のニュースなどが報道されれば、ほとんどの人はこう思うはずだ。

「なぜ自治体は、生活保護を受けさせてやらなかったのか？」

実はここに、根深い問題が横たわっている。

生活保護は、憲法で定められている国民の権利なので、費用は国が全部出しているように錯覚しがちだが、実はそうではない。

生活保護の費用は、4分の3を国が出し、4分の1を地方自治体が出しているのだ。地方が負担している4分の1は、国から出されている地方交付税で賄われているという建て前になっている。

しかし、生活保護費に関しては無条件に国から支給されているわけではなく、「地方交付税の中で賄《まかな》ってくれ」という話にすぎない。そのため、生活保護費が増えれば、自治体の財政は圧迫されることになる。

地方自治体としてはなるべくなら生活保護は受け入れたくない。特に、財政事情の苦しい自治体や、生活保護者の多い自治体は、その傾向が強くなる。餓死者を何名も出している北九州市などは、まさにこの典型である。

北九州市は、旧炭鉱地を抱え、生活困難者がひじょうに多い。しかも、市の財政は火の車である。だから、市の職員は、生活保護に関して組織的にブレーキをかけられている節《ふし》がある。

「新規の受け付けは極力避ける、そして、現在の生活保護者も、なるべく辞退させるように働きかける」

まさかこのような指示が出ているとは思えないが、そのように仕向ける何かの作用が働いているのではないかと考えざるをえない。

●「水際作戦」～生活保護の申請をさせない～

実際、一般論として自治体では、生活保護の受給を減らすためには、まず申請者を減らす、という方法が取られている。

生活保護の申請に訪れても、役所が窓口でいろいろ難癖をつけて追い返すのである。役所ではこれを「水際作戦」と呼んでいる。

「あなたはまだ働けるでしょう」

「親戚に頼んでみては」

などと言って、申請書を渡さないのである。またこれらの言葉はまだ良いほうで、筆者の取材では、申請に訪れた人が、人格を否定されるようなことを言われることもしばしばだという。

申請に訪れた人が実際に申請書を出す割合は、2004年の会計検査院の調査では30・6％だという（「社会保障費支出の現状に関する会計検査の結果について」2006年10月）。つまり申請に訪れても7割の人は、窓口で追い返されているわけだ。

また生活保護申請者に対して、市の職員が「この市ならば生活保護が受けやすいですよ」などと言って、市外に転出させるというような方法を取ることもある。

●「硫黄島《いおうとう》作戦」～生活保護を辞退させる～

市役所の生活保護対策には、窓口で申請者を追い返す「水際作戦」だけではなく、関係者の間で「硫黄島作戦」と呼ばれる方法もある。

「硫黄島作戦」というのは、生活保護を申請し、生活保護を受給している人に対して、あれこれと難癖をつけて、受給を打ち切らせるというものである。太平洋戦争中、硫黄島の戦いで日本軍は、アメリカ軍を水際で食い止めることはせず、いったん上陸させた上で、反撃するという作戦を取った。そのため、生活保護を受けている人の支給を取り消しにすることが「硫黄島作戦」と呼ばれるようになったのだ。

「硫黄島作戦」では、生活保護の受給者に対して、生活保護を自ら辞退させるという方法がとられることが多い。生活保護の必要があり、受給の要件を満たしているのに、役所が一方的に生活保護の支給を止めることはできない。生活保護の支給を停止するには、受給者が収入を得られるようになったり、生活保護がなくても生活が安定するなどの高い条件をクリアしなければならない。

しかし、受給者が自ら辞退するなら、とりあえず建て前上は法的な問題はない。そのため、生活保護受給者を精神的に追い込んで、辞退届を書かせるのである。前述した北九州市の「オニギリ食いたーい」と書き残して餓死した事件でも、生活保護の辞退届を書かせている。

●「水際作戦」も「硫黄島作戦」も、違法行為

一般の市民の立場からすると、役人が窓口でいろいろ言って指導するのは、役所と

しての正規の仕事のように思ってしまいがちである。だから、役人から「あなたは生活保護を受ける資格がないから申請書は渡せない」と言われれば、「そうか」と思ってしまうようだ。

しかし役人が、窓口でいろいろと難癖をつけて生活保護の申請書を渡さないというのは、その行為そのものが実は違法なのである。

国民が生活保護の申請をすれば、役所は原則として、必ず受理しなければならない。そして申請者が生活保護の受給要件を満たしていれば、生活保護受給は開始されるのだ。

もし、申請者に生活保護受給の資格がないのなら、申請を受け付けた上で、却下するというのが正規の手順なのである。申請書を渡さないで追い返すというのは、まったくデタラメなやり方なのである。

役所が、なぜこのようなデタラメなやり方をするのかというと、〝申請希望者のほとんどが生活保護の受給資格がある〞からなのだ。つまり、生活保護受給の資格がないから追い返すのではなく、その逆なのである。

役所としては、申請をすべて受理していれば、生活保護者が急増してしまう。そのために、役所は申請を受理する前に、役所の窓口で申請希望者を追い返してしまうのである。

これは、昭和56年11月に当時の厚生省から出された「生活保護の適正実施の推進について」という通知以降のことだと言われている。この通知が出された当時、暴力団の不正受給が問題化していた。そのため厚生省は各自治体に対して「不正受給をなるべく防ぐように」という指示の通知を出したのだ。

各自治体はこの通知以降、生活保護の相談・申請があっても、極力追い返すという方針を取るようになった。それがエスカレートして「生活保護の申請をさせないことが、役所の仕事」というようになっていったのだ。

●「闇の北九州方式」とは？

前述のように北九州市は餓死者を出すなど、たびたび社会問題となる事態を引き起こしてきた。が、実はかつて北九州市は生活保護政策のモデル地域と言われていたのである。

なぜかというと生活保護の支給率を全国レベルよりはるかに低く抑え込んでいたからである。

北九州市は、旧炭鉱地域を抱え、長年、生活保護受給者が多い地域だった。また暴力団関係者も多く、生活保護の不正受給がはびこっているとされていた。そのため、北九州市は、警察と連携して、暴力団の不正受給を減らすなど生活保護の〝適正化〟に努めた。その結果、北九州市の生活保護受給率は、政令指定都市の中でも低い水準となったのだ。

しかし北九州市は、数字を下げるために、本当に生活保護が必要な人にも生活保護の制限を加える、ということまで行なっていたのである。

北九州市が行なっていた方法は、「数値目標」を設定するというものだ。つまり、生活保護受給者の数や、受給総額をあらかじめ設定し、この計画通りに誘導するということである。

たとえば２００５年、北九州市の門司《もじ》福祉事務所は「運営方針」としてこういう計画を立てていた。一年間に１０２２人が相談に訪れると想定し、そのうち申請にまで至らせるのは１８４件、実際に受給を開始するのは１６８件と設定していた。つまり、１０２２人の相談者のうち、８３８人ははじめから門前払いを食らわせる予定だったのだ。そして、もともと生活保護を受給している人のうち１７５件を廃止にし、廃止者と新規受給者の差し引きとしてトータルで７件の生活保護を減らす計画にしていた。まったく机上だけで立てた数値目標である。

しかも役所が生活保護受給者を減らそうという計画を立てると、役人というのはその数値を上回ろうと努力するのである。そのため、２００５年度の門司福祉事務所の実際の数値は、生活保護開始１１２件、廃止１４６件で、差し引き34件の削減となっているのだ。

これは「闇の北九州方式」と呼ばれている。

北九州市では、１９９１年度から２００４年度まで生活保護費の支出は、毎年２９０億円前後で推移していた。これは、つまり北九州市が市全体で、生活保護費の調整をしていたということである。

もちろん、生活保護の受給などというものは、あらかじめ計画した数値で管理できるものではない。

景気の動向や社会情勢などで、困窮者は増減するものである。2000年代以降は、低所得者層が増えつづけており、北九州市などは特にその傾向が強いので、生活保護受給者が減るというのは絶対におかしいことである。それがつまりは、餓死者の多発につながっているのである。

北九州市では、餓死者などの事件が多発して以降、方針を転換した。世間の批判に晒《さら》されたため、そうせざるをえなかったのだ。そのため、近年、北九州市の生活保護の受給者は激増している。

●温泉付き豪華マンションに住みながら生活保護を受給

生活保護に関しては、不正受給の問題というものがつきまとっている。

自治体では不正受給を防ぐために、資産の調査の強化などをしてきたというが、今でも不正受給の発覚が後を絶たない。

たとえば、２００７年には北海道の滝川《たきがわ》市で暴力団組員が生活保護費を約２億円も不正に受給していたという事件が発覚した。

この男は、２００６年に札幌《さっぽろ》市から滝川市に転入し、病気を理由に生活保護を申請して受給が認められた。そして、病気の治療費として、滝川市から札幌医科大学附属病院までの介護タクシーでの通院費用（一回あたり約30万円）を滝川市に請求し、滝川市はそれを支払っていた。この男は、実際は滝川市には住んでおらず、札幌市で温泉付きの豪華マンションから病院に通院していた。つまり、タクシー代はまったく架空だったのである。

２０１２年２月には、大阪市で年収１０００万円を超えていながら、生活保護を不正受給していたとして、露天商の男が詐欺の容疑で逮捕された。この男は、病気で働けないなどとして、次男と二人分の生活保護を申請し、６年半にわたって約３２００万円をも不正受給していた。生活保護では、原則として車の所有は認められていないが、この露天商の男は、ワゴン車など２台を所有していた。大阪府警の関係者によると、この男は「もらえるものは、なんでももらえと思っていた」と開き直っていたという。

また2012年4月には、さいたま市で、生活保護受給者の男が「水道料金が免除になるという説明がなかった。払った水道料金を何とかしろ」などと不当な要求をし、市の職員が3万円を自費で渡すなどしていたことが明らかになった。この生活保護受給者の男たちは、市の送迎車で病院までの送り迎えを10回させた他、実際はタクシーに乗っていないのに病院まで乗ったという嘘の文書を作成し、生活保護を不正受給していたという。

2012年3月、厚生労働省は、2010年度の生活保護費の不適切な受給数の調査発表をした。これによると、不正受給件数は全国で2万5355件、金額は128億7400万円で、過去最悪となっている。不正の内容は、収入があるのに申告をしていないケースが43・5%、ついで年金を申告しないケースが27・7%だった。

●役所は強い者には弱く、弱い者に強い

不正受給のケースを見てわかることは、役所は弱者に対して窓口で厳しい水際作戦をやっているわりには、最初から騙《だま》し取ろうとかかっている者に対しては、腰が引けているということである。

そして彼らが本当にしなくてはならない資産調査、収入調査などはひじょうに甘いということである。滝川市のケースにしろ、大阪市のケースにしろ、担当者が一度でも自宅などに出向いてちゃんと調査をすれば、「おかしい」ということはわかるはずである。担当者は、それをまったくしていなかったか、しているけれど黙殺したかのどちらかである。

また福祉事務所のケースワーカーは、生活保護受給者を定期的に訪問し、生活を指導することになっているが、もしこの作業をきちんと行なっていれば、このような不正は防げたはずである。

福祉事務所は、この不正受給の実態を100％知っていたはずであり、知っていながら、怖くて手が出せないのだ。

●いまだに生活保護は、暴力団の資金源の一つとなっている

筆者はサブカル系の出版社と付き合いがあるので暴力団関係に詳しい知人もいるが、暴力団関係者にとって生活保護は今も収入源の一つになっているケースが現実にはあるという。

暴力団も、昨今では収入が激減しているので、生活保護に収入を求める例が後を絶たないのだ。そのため暴力団の中には、新規組員にはまず生活保護を申請させるというところもあるという。また、暴力団組員にとって、生活保護を騙し取ることさえできない人間は、他のしのぎはとうていできないので、新組員の最初の課題として生活保護の申請をさせる組もあるという。

役所が「強い者に弱い」ということは、筆者も官僚をしていたので、よく知っている。普通の人が申請に来ても窓口で追い返すのに、暴力団関係者などが申請に来れば、二つ返事で受け付ける、というような状況も実際に多くあると思われる。

筆者が取材した中でも、「少し大きな声を出せば、生活保護など簡単に受けられる」という話も何度か聞いた。

もちろん暴力団関係者だからといって、本当に収入、資産がないのならば、生活保護を受ける権利はある。本当に収入、資産がないのかどうかのチェックは役所としては欠かしてはならないはずだ。

その点の対処法は、現在の自治体ではまだなされているとはいえない。自治体だけでは対処が無理ならば、警察と連携するなどの方策が取られるべきだろう（一部では、警察と連携しているが、まだまったく不十分である）。

これらの不正受給をなおざりにして、本当に困窮している人たちには門前払いを食らわせるなどということがつづけば、生活保護制度そのものが崩壊しかねない。

●「不正受給」も「餓死事件」も、最大の要因は役所の怠慢

「生活保護費をなるべく少なくしたい」

というのは、役所としては当然のことである。のべつまくなしに支出していれば、それは国民の税金を無駄遣いすることになる。

が、ただ単に生活保護を少なくすればいいというものではない。

当然のことながら、必要なところには必ず支給しなければならない。削減するならば、不必要に支給しているところからである。

しかし、現在の役所のやり方は、これが逆になっているのだ。強い者、声の大きい者に対しては、不当と知りつつも多額の支給をし、弱い者、本当に困っている者への支給を削ろうとしてきた。

現在、役所が行なっている「生活保護の適正化対策」というのは、なるべく生活保護を受給させないという「水際作戦」か、いったん始めた生活保護を辞退させるという「硫黄島作戦」しかない。この方法は、まったく乱暴だし、違法行為にあたるものである。これでは、本当に支援が必要なところには、支援が行き届かない。それが、度重なる餓死事件の最大の要因である。

役所が本当にしなくてはならないのは、生活保護を受けたい人（受けている人）の生活状況や資産状況をきちんと把握して、本当に必要な支援を行なうということである。

自治体に対して言えることは、「もっと基本的なことをちゃんとやれ」ということである。

不正受給が生じるのも受給できずに餓死者が生じるのも、煎《せん》じつめれば役所の責任である。役所がきちんと仕事をしていれば、そのほとんどは防げるのである。これまで明るみに出ている不正受給や餓死事件を見ても、「これは役所としても仕方がない」というものは一つもない。すべてのケースで、役所がちゃんとやっていれば、こんなことにはならなかったはずだ、というものである。

またケースワーカーについても、予算を圧縮せずにしっかりとした人数を揃えるべきである。ケースワーカーに対する予算が少なく、ケースワーカーがまともな仕事ができない状況にあることが、最大の欠陥といえる。

もう一回繰り返すが、「不正受給」や「餓死事件」の最大の要因は役所の怠慢である。

●役人も個人の責任が問われる時代

元官僚の筆者としては、自治体の職員の心の動きは手に取るようにわかる。彼らも一人間としては、困っている人に生活保護を受けさせてやりたい、と思っている。しかし彼らにとって、「生活保護の受給を断わることが仕事」となっているのだ。役人の一人ひとりは、まともな感情をもった普通の人間である。

しかし、役所という巨大な機関の中で、無機質な役割を演じないとならない。役人が悪意をもって、生活保護の受給を妨《さまた》げているわけではない、ということは、筆者は重々承知している。

だが、だからといって個々の役人が、自分のやった行為の責任から逃れられるということではない。インターネットがこれだけ普及し、個人が自分の意見をしっかり言えるようになった今の時代、「自分は組織の命じるままにやっただけ」などという言い逃れが通じるものではない。「組織の命令であろうと、お前がやったことなんだろう！」ということである。

もし、自分が生活保護の申請を拒否し、その人が餓死したり、行き場を失ってしまったりすれば、窓口で追い返した役人個人の責任も問われる。今はそういう時代なのである。そのことを個々の役人は肝《きも》に銘《めい》じるべきである。

●暴力団関係者への対処は、普通の役人では無理

またこれまで見てきたように不正受給の大半は、暴力団関係者など威圧的な態度をとる者によるものである。

建て前論から言うならば、申請者が暴力的、威圧的な態度をとったとしても、役人は厳正に対処すべきということになる。しかし、現実問題から言って、丸腰の普通の役人が、暴力団関係者などに対峙《たいじ》するのは実に難しいものがある。

だから、これらの問題は国が中心になって、警察と福祉事務所が連携するなどして対処するしかないと思われる。

筆者は、この件について、厚生労働省に次のような質問をぶつけた。

「暴力団関係者の不正受給は自治体だけでは対応できない。警察などとの連携が必要だと思われるが、厚生労働省はどう対応しているのか？」

これに対し、厚生労働省の回答は、「以前から、暴力団関係者からの不正受給に関しては問題意識を持っており、受給者の暴力団からの離脱などの指導を行なっている。また警察との連携も図っている」とのことだった。

厚生労働省のほうも、まったく手を付けていないというわけではないのである。また福祉事務所に警察官OBを配置するという計画もあるらしい。ただし、これはNPO法人などから、「福祉事務所が市民から遠い存在になる」として反対され、実現に至っていない。

元役人の立場から言わせてもらえば、福祉事務所に警察官OBを配置するというのは、けっして悪いアイディアではないと思う。警察官OBであれば、暴力団への対処法なども熟知しており、威圧的な態度に屈して、不正な申請を認めるというようなことは減るはずである。

「警察官OBが福祉事務所にいると、福祉事務所が市民から遠い存在になる」というのは、ちょっと過剰反応ではないか、と筆者などは思う。警察官OBといっても、役人は役人なのだから、法律に基づいて仕事をするはずである。またマスメディアが発達して衆人環視の状態にあるためか、昨今の警察官は、高圧的な態度をとることもほとんどなくなっている。不正受給が減れば、生活保護受給者への世間の風当たりも弱まるはずである。NPO法人なども、この問題についてもう少し冷静に考えてもいいのではないか。

●「国の責任ではない」――厚生労働省の呆《あき》れた言い分

餓死事件や不正受給事件などの問題の大きな要因として、「生活保護に関する責任の所在が明らかではない」ということがある。

生活保護というのは憲法で定められたものであり、本来は国の業務であるはずだ。しかし、生活保護行政を実際に執《と》り行なっているのは、地方自治体である。前述したように、生活保護というのは、その費用の4分の3が国庫から支給され、4分の1は自治体が地方交付税交付金を使うという形で負担している。そのため、予算面から見ても、責任が曖昧《あいまい》なのである。

この構図が、生活保護を無責任状態にしているということが言えるだろう。

地方自治体から見れば、「生活保護というのは本来、国の業務であり、われわれは代行しているだけ」という考えがある。また国から見れば、「実際の業務は地方自治体に任しているのだから、地方自治体の責任」ということになっている。

両者のその考え方が、「どちらも責任を取らない」という無責任状態になっているのだ。生活保護で何か問題が起きても、どこの役所もきっちり責任を取ろうとしないのは、この構図によるものだ。

普通に考えると、生活保護は憲法で定められた国民の権利であり、国がそれを保障することになっているのだから、国の責任であるべきだ。そして、国が「生活保護に関して全責任を負う」ということになれば、これらの問題が頻発することもなくなるはずだ。

この点について、筆者は厚生労働省に質問してみた。

返ってきた答えは、これがまたひじょうに曖昧なもので、結局、自分たちで責任は取りたくない、というようなものだった。

125ページに厚生労働省の回答を、全文載《の》せておいた。これは文書で出した筆者の質問に対して、文書で回答されたもので、厚生労働省の公式な見解となります。

これを見ればわかるとおり、筆者の質問に対して、まったく答えにはなっていない。こんな露骨なはぐらかしをよくするものだ、と思う。官庁というものがいかに責任を取りたがらないか、無責任なところか、ということがよくわかる。この見解を見ると、国民としては暗澹《あんたん》たる気分になってしまう。

なぜ厚生労働省は「生活保護に関する責任は全部、厚生労働省にある。今後は問題が起きないように、全力を挙げて取り組みたい」と言えないのだろうか？

厚生労働省が責任を取らないというのなら、日本の生活保護に対して、責任を持っている官庁はいったいどこにあるのだろうか？

厚生労働省への質問とその回答

Q. 筆者の厚生労働省への質問

・生活保護に関して何か問題が起きた時、厚生労働省は自治体のせいにし、自治体は国のせいにします。責任のなすり合いで、問題がうやむやになっています。生活保護に問題が起きた時、その責任はどこにあると厚生労働省はお考えなのでしょうか？

A. 厚生労働省の回答

・生活保護行政の実施にあたっては、これまでも国と地方自治体との間で、全国会議や、運用の見直しにかかる協議等を通じて連携を図っているところ。

・昨年度には、自立・就労支援の強化、医療扶助や住宅扶助の適正化など生活保護を取り巻く課題への対応を協議するため「生活保護制度に関する国と地方の協議」を行ない、昨年12月に中間とりまとめを行なった。

・今後も引き続き国と地方自治体の連携を図り、様々な課題に対応していく。

第五章

病院、貧困ビジネス…生活保護が食い物にされている

●生活保護費の50％以上に相当する額が、医療機関に流れている

生活保護というと、不正受給の問題や、役所の不適切な対応ばかりが問題視されるが、生活保護にはさらに大きな問題がある。

それは、「生活保護費の大半は、受給者の生活費に使われていない」というものである。あまり表面化することはないが、生活保護費用として税金から出されている金のうち、半分以上が医療費なのである。

2011年には、生活保護費が3兆円を超えたということは社会的に大きな問題となった。生活保護費というと、「貧困者の生活費」というイメージがある。しかしこの生活保護費のうち、半分以上は医療機関などに渡っているのだ。

これは異常なことである。

生活保護費の半分が医療費ということは、家庭の支出の半分が医療費というのと同じことである。普通の家庭での医療費は、社会保険から支払われている分も含めてだいたい収入の10％程度である。たしかに生活保護受給者の中には、病人や身体に障害がある人も多い（病気や障害を理由に生活保護を受けている人は約3割程度）。だから、

普通の家庭よりも医療費が、若干高めになることは考えられる。しかし、いくら高めになるといっても、家庭の支出の半分が医療費になるなどは常識では考えられない。この数値は、何か作為がはたらいているとしかいいようがない。

では、なぜ医療費がこれほど跳ね上がったのか？

それは生活保護のシステムが大きく関係している。

生活保護受給者の医療費というのは、前述したように全額が生活保護費から支給される。医療機関にとってみれば、請求すればした分だけ、自治体が払ってくれるということだ。受給者にとっても、まったく負担感はない。だから、どれだけ診療費がかかろうとおかまいなしである。

最近では、精神疾患を装って生活保護を不正受給するという手口も増えているが、その背景にも、この生活保護と医療費のシステムがあるのだ。つまり、病院が精神疾患の診断書を簡単に出すことによって、生活保護受給者を作り出し、病院の「顧客」を増やそうという算段である。

医療機関にとって生活保護費というのは、実は重要な収入源になりつつある。

生活保護費が多いか少ないかを論じるとき、医療費の問題は避けて通ることができない。というより医療費を削減できれば、生活保護費は大幅に削減できるのである。実際、大阪市などそれをやろうとしている自治体もある。

本章では、これまであまり語られることのなかった、この医療と生活保護の関係について、追及していきたい。

そして、生活保護費を食い物にしているものとして、「貧困ビジネス」というものもある。これは、生活困窮者の弱みにつけこんで、金儲《もう》けをしているビジネスのことである。ホームレスなどを環境の悪い住居に住まわせて、生活保護の申請をさせ、生活保護費の大半を巻き上げるというのが、オーソドックスな手口である。

本章では、これらの貧困ビジネスについても見ていきたい。

●生活保護法等指定病院の過剰診療とは？

悪質な貧困ビジネスの一つとして、病院の過剰診療というものもある。

前述したように生活保護では医療費が全額公費負担とされている。そのため、病院側としては、生活保護の受給者が受診しに来れば、お金の取りっぱぐれはまったくない。むしろ病院としては上客といえる。

そのため、生活保護の受給者に対して、過剰な診療を施《ほどこ》して、多額の診療報酬を得る悪徳病院もかなりあるとされている。

生活保護の受給者が受診する病院というのは、生活保護法等指定病院だけである。生活保護法等指定病院というのは、役所があらかじめ指定し、生活保護受給者に「この病院に行きなさい」と通知した病院である。大きな病院の多くはこの生活保護法等指定病院となっているが、小さな医院や歯科医などは指定を受けていないこともある。

以前は、生活保護受給者が受診に来るのを嫌がって、生活保護法等指定病院にならない病院もあったが、昨今は、病院経営も楽ではないために、積極的に指定病院になっているケースが多いという。

現在、生活保護の指定病院になるための明確な基準はなく、病院側が申請すれば、事実上、すべて指定されている。

そして前述したように、これらの指定病院の中には、過剰に診療報酬を得ているものもあるのだ。

2012年3月の厚生労働省の発表によると、生活保護受給者が必要以上に病院に通院する「過剰受診」は全国で3816人だったという。これは明るみに出たケースだけであり、実際はその数倍はあると見られている。そしてこれが自治体の財政上の問題ともなっている。

●橋下《はしもと》市長の生活保護医療費対策とは？

2012年1月の新聞報道などによると、大阪市の橋下徹《とおる》市長は、生活保護法等指定病院について、大阪市独自の基準を検討しているという。

これは、過剰な報酬を得ている悪質病院を排除するためである。一定の基準を設け、過剰な診療を行なっていると見られる病院は、生活保護の指定を取り消すなどの処置を行なうということだ。

筆者は、橋下市長の政策に全面的に賛成するものではないが、この医療費削減策は、ごくまっとうな方法であり、自治体の首長は手をつけなくてはならないものだと思う。

現在、生活保護受給者の診療は、野放し状態のようになっている。そのために、生活保護に関する国の支出額全体に占める医療費というのは莫大なものになっているのだ。

ここで一言説明を補足しよう。ふつう一般の人が「生活保護支給額」と聞いたとき、それは、該当者に支給される額のことだと考える。もちろんそれは間違いではなく、本書でもおおむねその線で使っているが、国が「生活保護支給額」といった場合は、受給者本人に支給される額に加えて、それに関連する支出をすべて含めている。したがって、受給者本人の支払いが免除され、それを国が肩代わりして払っている医療費についても、「生活保護支給額」として計上されるのである。ここのところ、ご注意いただきたい。

134ページの表のように、財政支出された生活保護関連費のうち、最大のものは医療費（介護を含む）であり、実に51・7％も占めている。

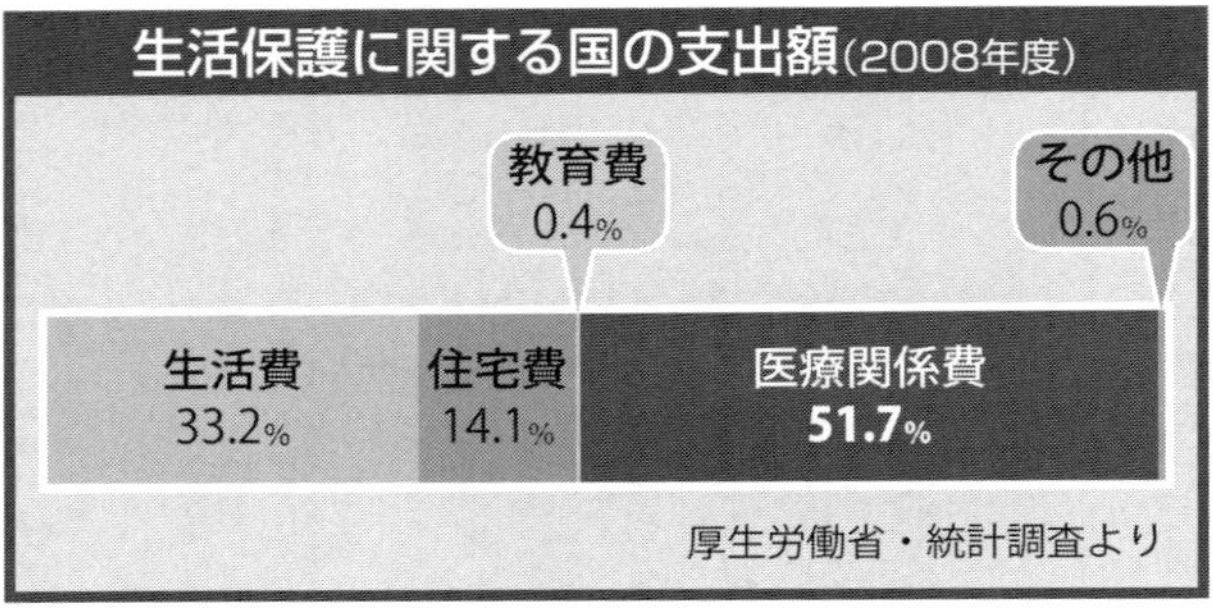
教育費
0.4%
その他
0.6%
生活費
33.2%
住宅費
14.1%
医療関係費
51.7%
厚生労働省・統計調査より
生活保護に関する国の支出額(2008年度)

国や自治体が支出している生活保護費というと、われわれは、「困窮者の生活費に充《あ》てられている」とイメージしているが、実態はそうではないのだ。困窮者の生活費に充てられているのは、生活保護支出の半分にも満たないのである。

生活保護費のうち、医療費が異常に多いというのは、生活保護受給者には高齢者や病人が多い、ということも関係している。しかし、支出額の半分も占めるというのは、やはり異常である。

生活保護費3兆円のうち、実に1・5兆円が医療費なのである。

これは概算で日本の医療費全体の5%程度になる。つまり、医療機関というのは、収入の5%を生活保護費から得ているということだ。

生活保護で一番儲かっているのは、実は病院なのである。
大阪市の橋下市長が、生活保護受給者の医療内容を厳重にチェックすべし、という方針を打ち出したのは、このことがあるからなのだ。

●精神疾患を装って生活保護を不正受給

何度か述べてきたが、生活保護の不正受給には、精神疾患を装うという手口もある。

たとえば、２０１２年2月にはマスコミでこういう事件が報じられた。東京・荒川区で風俗店を経営する男が、生活保護を不正に受給していたとして、埼玉県警に詐欺容疑で逮捕されたのだ。この男は、風俗店経営などの稼ぎで４０００万円の預金がありながら、精神疾患で働けないなどとして、生活保護を申請し、約1年にわたり計２００万円程度を詐取していたという。

このニュースが報じられたとき、不思議に思った人も多いだろう。
「精神疾患というのは、そんなに簡単に装えるものなのか?」と。４０００万円もの預金があるのを調べられなかったのか、という不思議のほうが大きい。

実は、精神疾患の診断というのは、驚くほど曖昧《あいまい》である。そして、精神疾患を装って生活保護を詐取しているケースは、ひじょうに多いのではないかといわれている。

なぜ、精神疾患での生活保護の詐取は簡単なのか？

普通の人は信じられないことかもしれないが、実は精神疾患かどうかということを科学的に判別する方法は、まだないのである。

重度の精神疾患である「統合失調症」や「鬱《うつ》病」でも、その病状が数値で表われるわけではないのだ。脳や身体に特別な異常数値が見られるわけではなく、その人の行動や言動などから、医者が判断するしかないのである。

だから逆に言えば「精神疾患」かどうかということを客観的に示す証拠はなく、医者が診断さえすれば、「精神疾患」ということになるのだ。

わかりやすい一例が、東京都と埼玉県で連続幼女誘拐殺人を起こした宮崎《みやざき》勤《つとむ》死刑囚のケースである。この事件の裁判では、精神科医数名による精神鑑定が行なわれたが、まったく「白」という鑑定は一つもなく、それぞれ違う診断を下した。「統合失調症」「解離性同一障害」「その他」と、病名さえ違う診断が下されたのだ。もちろん、いずれの医師とも日本で有数の名医とされる人たちである。複数の名医たちがそれぞれ違う診断を下したということは、精神疾患というのは、それほど曖昧な基準の病気だということなのである。

だから、普通の人が精神疾患を装うと思えば簡単に装うことができる。統合失調症の特徴である「幻聴」や「妄想」などを言い立てれば、医者によっては簡単に精神疾患だと判断することもある。

●精神疾患で障害年金を受け取りながら風俗店へ

「精神疾患を装って生活保護を受ける」
というケースが多いのは、病院側が利益を得るために、簡単に診断書を書いていることも理由だとみられる。

精神疾患の診断書を書いてやり、その人が生活保護を受けられるようになると、その人は通院することになる。病院としては顧客が増えることになるのだ。こういう病院は、ネットなどで「簡単に診断書を書いてくれる（生活保護が受給しやすい）」と噂になることもある。

そして精神疾患の場合、生活保護ではなく、障害年金を受けるケースも多い。障害年金の場合、支給が認定されるまで時間がかかるので、そのつなぎとして生活保護を受給している人も多いのだ。

そのため、精神疾患を装い、障害年金をもらっている人もかなりの数がいるのではないかとみられている（当然のことながら実態調査などは行なわれていないので、総数などはわかっていない）。

悪質な病院では、大した症状でもないのに、わざと重度の精神疾患のような診断を下し、患者に生活保護や障害年金を勧める場合もある。筆者が取材した中でも、こういうひじょうに悪質なケースがあった。

ある女性（仮にA子としておこう）が、マスコミなどにも時々登場する著名な精神科医のクリニックで診断を受けたところ、重度の精神疾患と診断され、仕事はやめたほうがいいと言われた。A子が医者に「仕事をやめたら生活できない」と言うと、クリニック側で生活保護と障害年金の手続きをとってやると言われたので、それに従った。これが不幸を招いた。

その女性は、鬱傾向があったが、それまではいちおう、仕事をし、友人との交遊も持っていた。しかし医者の指示で仕事をやめてからは家に閉じこもるようになり、鬱が悪化した。その挙句、自殺してしまったのである。ちなみにこのクリニックについては、月刊誌「噂の眞相」などでレポート記事が書かれたこともある。

また筆者が取材した中にはこういうケースもあった。

ある男性（仮にBとしておこう）が、精神科のクリニックに行き、精神疾患だと診断され、障害年金を受給できるようになった。Bは、若干、怠け者的な体質があり、楽をしてお金を稼ぎたいというような欲求を常々持っていたようである。

筆者は、Bに実際に会ったが、精神疾患とはとても思えなかった。というのも、自分で普通に一人暮らしをし、固定的なアルバイトの仕事をずっとこなしていたからだ。そして、言動も精神疾患のような部分はまったく見えず、薬も飲んでいないとい

Bのアルバイトの収入は百数十万円程度であり、それだけでは生活は苦しいが、障害年金をもらっているので、一人で生活するには十分な「収入」になる。

Bは、風俗が好きで、月に一度くらいは風俗店にでかけている。生活保護の場合は、アルバイトをしてある程度の収入があれば、生活保護の支給額を減らされるが、障害年金の場合は、そういう縛《しば》りがない。

筆者の目には、Bは、収入が足りないので、それを補うために障害年金をもらっているとしか映らなかった。しかし、Bは「自分は精神疾患だ」と常に言い張っていた。というより自分でもそう信じているようだった。たしかに、医者がそう診断するならば、嘘だとは言えないし、患者が自分でそう信じ込むのも無理のないことではない。

ちなみにBが通っているクリニックも、生活保護や障害年金がもらいやすいと評判になっているところだった。

●精神医療と生活保護の怪しい関係

筆者は、いくつかの事例だけをもって、精神疾患での生活保護を全面的に批判するつもりはない。本当に精神疾患で苦しい思いをしている人は、生活保護や障害年金で救うべきだろう。

しかし、今のままではあまりに条件が緩《ゆる》すぎるというのは、あると思う。

そもそも「精神疾患で働けないのに一人暮らしをしている」ということは、客観的に見てもおかしい。精神疾患で働けないような状態の人を、一人暮らしにさせておけば、いつ自殺しないとも限らない。だから、「精神疾患で働けない」というような診断が下された場合は、家族の許《もと》へ帰したり、しかるべき施設に入所させるなどの処置をとるべきである。

逆に言えば、一人暮らしで普通に生活できる人に、「精神疾患で働けない」という診断を下すのは、おかしいのではないか？

また厚生労働省や自治体は、精神科などをきちんと調査し、患者に生活保護受給者や障害年金受給者が異常に多いような病院は、その診断内容を精査する必要があると思われる。

先ほども述べたように、精神医療というのは、科学的な数値で判断されるものではないので、医療側の「言った者勝ち」という仕組みになっている。

もちろん、精神医療機関のすべてがそういう悪質なものではなく、ほとんどの医者や病院は、まっとうな診療をしているはずである。だから、精神医療全体を批判しても、解決する問題ではない。

しかし、もしこのまま精神疾患の生活保護や障害年金が増えつづければ、社会は納得しないだろうし、精神医療への信頼は揺らぎつづけるだろう。

●貧困地区に増殖する「福祉アパート」とは?

前項まで、病院が生活保護を食い物にしている現状を述べてきたが、生活保護を食い物にしているのは病院だけではない。急速に拡大する〝生活保護市場〟を狙って、悪質な業者が参入してきているのだ。

いわゆる「貧困ビジネス」というものである。「貧困ビジネス」は昨今、マスコミなどでたびたび使われる言葉であるが、貧困者を相手にした悪質なビジネスのことで、急激に事業者が増えている。

そして、この貧困ビジネスの格好のターゲットになっているのが、生活保護の受給者や、ホームレス、ワーキングプアの人たちなのである。

貧困ビジネスの代表的なものに、「福祉アパート」と呼ばれるものがある。

「福祉アパート」というのは、ホームレスなどに部屋や食事を提供するビジネスのことである。

彼らは慈善事業者ではない。ホームレスに住民票を取らせることで生活保護を受給させ、その生活保護費から、部屋代や各種手数料などを徴収しているのである。

一見、社会正義のように見えるこの貧困ビジネスだが、実態はそうでもない。行くあてのないホームレスの弱みに付け込み、法外な家賃や寮費を請求し、生活保護費の大半を巻き上げるケースも多いのである。そのため貧困ビジネスは社会問題化しつつある。

福祉アパートは、大阪のあいりん地区や東京の山谷《さんや》など、日雇い労働者が集まる場所に多く存在する。

また福祉アパートは、以前は簡易宿泊所だったものが多い。簡易宿泊所というのは、一泊1000円前後で宿泊できる格安の宿泊所である。あいりん地区や山谷には以前は全国から労働者が集まっていたので、簡易宿泊所が多かった。しかし、長引く不況の影響で、労働者が宿泊費を払えなくなり、路上生活するケースが増えたのだ。ホームレスは、住民票がないので、生活保護の受給が難しい。しかし福祉アパートに収容し、住民票を取らせて、生活保護を受けられるようになれば、毎月一定の収入が生じる。

またホームレスは、他に行くあてもなく自分でアパートを借りる財力もないことから、いったん福祉アパートに入居すれば、長くそこにとどまることになる。だから福祉アパートは、簡易宿泊所よりも安定した稼ぎが得られる。そのためもあって福祉アパートが急増したのである。

●貧困ビジネスの功罪

「貧困ビジネスは、貧困者を食い物にしている」

そういうことはたしかにある。しかし、貧困ビジネスは、貧困者にとって需要があるから存在するわけであり、単純な断罪はできない。

というのも、何度か触れたように、ホームレスが自ら生活保護を申請することはなかなか難しいからだ。もし福祉アパートがなければ、ホームレスはもっと増えていただろう。福祉アパートの住民が路上生活しなくていいのは、福祉アパートのおかげでもあるといえるのだ。

しかし社会全体から見ると、やはり「悪徳」でもある。生活保護というのは、税金で賄われているのである。税金で賄われるのをいいことに、業者が法外な値段の家賃収入を得ていることは、社会にとって大きな負荷をもたらすといえる。

そして、この貧困ビジネスには、もう一つ問題がある。それは脱税が多いということだ。

２０１１年11月の大阪国税局の発表によると、西成区《にしなり》のあいりん地区の福祉アパート事業者20者を税務調査したところ、約3億円の申告漏れが見つかった。そのうち、2億円は悪質な所得隠しであり、追徴税は1億円に上ったという。

福祉アパートの脱税の手口は、単純である。

宿泊料の一部を除外したり、併設されたコインランドリーやゲームセンターの売上の除外をしたり、というものである。

貧困者相手のビジネスには、もっとまともな業者が参入してこられるような環境を作るべきだと筆者は思う。貧困者相手のビジネス自体が悪いのではなく、いい業者があまりいないことが悪いのである。

ホームレスを収容し、生活保護の申請を代行し、〝まともな値段〟の家賃をとるならば、誰も文句は言わないのだ。

●NPO法人の貧困ビジネスとは？

福祉アパートと似たケースに、NPO法人による収容施設がある。

NPO法人というと、貧困者のために活動している福祉団体というイメージがある。もちろん、ＮＰＯ法人の多くはそのイメージ通りのものである。

しかし、一部にはＮＰＯ法人の皮を被《かぶ》っている「貧困ビジネス業者」もいる。

やり方は、福祉アパートとほとんど変わらない。ＮＰＯ法人が建物を借り、ホームレスなどを集めて住まわせ、生活保護を受給させるのである。

これだけならば立派な福祉活動である。

しかし彼らの場合は、入居者から多額の家賃を徴収する。家賃は生活保護で認められた住居扶助費の限度額ギリギリに設定されていることも多い。かといって入居者たちは、いい部屋に住んでいるというわけではない。トイレ、風呂は共用の寮のような部屋がほとんどである。中には、一つの部屋に複数名が入るドミトリータイプもある。そんな部屋で多額の家賃を取るのだから、ぼったくりである。この構造は、福祉アパートとまったく変わらない。ＮＰＯ法人の皮を被《かぶ》っているだけに、余計悪質だともいえる。

ＮＰＯ法人というのは、実は不正がはびこりやすい土壌を持っている。

ＮＰＯ法人は、それを監視するシステムというのがほとんどないのだ。

一般の企業とは異なり、決算書を作って株主に営業内容を報告するような義務はない。いちおう、管轄の役所に一定の報告書を提出することになっているが、それは形式的なものである。

また一般企業であれば、税務署の厳しいチェックにさらされるが、NPO法人の場合は、それもあまりない。つまり、NPO法人は、ある意味、法の抜け穴的な存在になっているのだ。

そのため、NPO法人では会計などがぐちゃぐちゃで、不正な支出が多いケースも多々ある。本来は、社会福祉に志《こころざし》を持ってNPO法人を立ち上げた人でも、外部の監視の甘さから、不正を行なうようになったケースも多いと聞いている。

またNPO法人の〝特典〟を狙って、もともと悪徳業者だった者がNPO法人を作るケースも多い。

NPO法人だからといって、無条件に信用することはできないのである。

第六章

生活保護を必ず受給する方法

●生活保護を受けるにはどうすればいいか？

生活保護に関して、普通の人が抱く最大の疑問は「自分が本当に困ったときに、国は助けてくれるのか？　生活保護は受けられるのか？」ということだろう。

これまで見てきたように、生活保護は自治体によってはなかなか受けにくいところもある。それはそれで重大な社会問題であり、改善してもらわなくてはならないことだが、それよりも、まずは自分（あなた）にとって大事なのは、どうやったら生活保護を受けられるか、ということだろう。

この章では、そのことについて、掘り下げておきたい。ありていに言えば、本章ではどうすれば生活保護を受けられるかを述べていきたいと思っている。

現在の状況で言うならば、生活が困っているからといって必ずしも生活保護が受けられるとは限らない。生活保護行政というのは、矛盾だらけであり、スムーズに生活保護を受けるには、コツのようなものがいる。そのコツをはずしてしまえば、なかなか生活保護を受けることはできないが、コツさえ押さえれば簡単に受けることができる。そのコツをここでご紹介しておきたい。

もちろん、ここで紹介する方法は、「本当に生活が困っている人」にしか使えないものである。ここに書かれている方法で、不正受給をしようと思ってもできるものではない。ここで紹介する「生活保護を受けるコツ」は、簡単に言えば、「自分の貧困状況を確実に役所に伝える」「しかるべき人に相談する」ということだからだ。

不正受給をするような人の場合、「自分の貧困状況を確実に役所に伝える」「しかるべき人に相談する」ことはできないからだ。つまり、ここに書かれている方法では、悪用はほとんどできないと思っていただきたい。

●とにかく早く決断する

生活保護を受けようと思っている人にとって、もっとも重要なことは「早く決断する」ということである。

ホームレスになってしまった人などを取材しても、状況が悪化していくのを呆然としているうちに……という話が実に多い。

収入が激減したり、途絶《とだ》えたりして、生活費が逼迫《ひっぱく》していって、家賃を滞納するようになり、やがて部屋から追い出されて、やむなく路上生活になった、というパターンが非常に多いのだ。

何度も言うが、住む家を失ったり、借金で首が回らなくなれば生活保護のハードルというのは一段上がる。

だから、その前に、手を打たなければならない。

生活保護は、「生活に困ったときに、日本国民（一部外国人も）が得られる当然の権利」なのだから、使わない手はないのだ。そして、これを使うためには、素早く行動を起こしたほうがいい。

●闇金《ヤミキン》に手を出す前に

今、失業したりして、生活が苦しくなっている人に、声を大にして言いたいことがある。それは消費者金融や闇金に手を出す前に、生活保護を受ける準備をしなさい、ということである。

生活保護は、借金があるからといって受給できないものではない。しかし、事実上、借金がある人は、自己破産などをして借金を清算してからでないと生活保護は支給されない。日々の生活費に事欠く中で、自己破産などのわずらわしい手続きをするのは大変である。そういう手続きをしている間にも、生活費が枯渇《こかつ》してしまうかもしれない。

また、たちの悪い闇金に手を出した場合は、自己破産さえも難しかったり、自己破産した後も追いまわされたりする可能性もある。

それを回避するためには、「失業しているとき、収入がないときには借金はしない」ということである。借金をする前に、生活保護を申請するということである。

生活に困っている人には、なかなかこの決断ができないと思われる。「とりあえずこの場をしのごう」ということで、借金をしてしまいがちである。しかし、収入のあてがないときに、借金をすれば、その後どうなるかは明白である。

この決断をするかしないかが、今後の人生の大きな分かれ目であることを肝《きも》に銘じておこう。

●車は処分し、預貯金は半月分以下の生活費程度にとどめる

生活保護を申請する場合、原則として資産は持っていてはならない。だから、所有が禁止されている資産は、あらかじめ処分しておかなくてはならない。

資産といっても、家財道具の処分までは求められないので、主に車と預貯金である。

前述したように、車の所有は原則として禁止されている。そのため、車は処分しておかなくてはならない。車がないと生活できないような地域にいる人は、生活保護を申請する前に、車がなくても生活できる都心部に引っ越しておくのも手かもしれない。引っ越し代がなくなってしまえば、それもできなくなるので、ここでも早めに決断する必要がある。

また預貯金として半月分以上の生活費が残っている間は生活保護を受けられないので、預金残高は減らしておく必要がある。預貯金を半月分以下にするというのは、生活者としてはかなり無理な話であるが、若干の抜け道はある。福祉事務所は郵便貯金

や銀行などの金融機関の預金については調べるが、タンス預金については、調べられないということである。つまり、ちょっとばかり小銭を持っている分には、福祉事務所はわからないということである。筆者として、大っぴらにタンス預金を推奨することはできないが、生活が破綻《はたん》すれば元も子もないので、この話は参考として受け取っていただきたい。

とにもかくにも、預金残高や自動車などの資産と照らし合わせて、この時期にはもう生活費が切れる、というのを事前に予測し、その時期に合わせて生活保護を申請するということだ。

●住居はとにかく確保しておく

「借金をしない」ということとともに、もう一つ大事なことは、「住居を失わない」ということである。

家賃を滞納して、アパートを追い出されてしまっては、なかなか生活保護が受けにくくなる。

前述したように本来は住所地がなくても生活保護は受けられるはずなのだが、現在の仕組みでは、現実問題として住所がなければ申請がかなり困難になる。したがって、住居はとにかく確保しておきたい。

アパートを追い出される前に、生活保護の申請に行くべきだろう。

生活に困窮した場合、最後の生活費としてわずかな預貯金を残し、家賃を滞納してしまうケースがひじょうに多い。しかし、これは本末転倒といえる。預金を残しておいて家賃を滞納するより、預金を使って家賃を払ったほうが生活保護は受けやすいのである。

だから家賃の滞納はできるだけ避け、家賃の滞納をしそうになったら、即刻、生活保護の申請に行くべきである。

●「福祉事務所」って何？

生活保護の申請をする場合、その窓口となっているのは、福祉事務所である（一部、市町村役場が窓口になっているところもある）。

この福祉事務所という名前、時々耳にするが、一般の人にはなかなかわかりにくい存在ではある。が、生活保護を受給するときには避けて通れない場所である。

したがって、この福祉事務所という存在について、その役割などを今一度確認しておこう。

福祉事務所というのは、都道府県や市などが設置している福祉行政を専門にしている〝役所〟のことである。生活保護のほか、児童福祉や母子福祉、老人福祉、障害者福祉など、福祉行政全般を担《にな》っている。

生活保護を受けたいと思っている人は、この福祉事務所にまず相談に行かなければならない。生活保護の相談や申請、受給後の生活指導なども、すべてこの福祉事務所が窓口になって行なわれる。

この福祉事務所は、自治体から独立した組織ではなく、自治体の機能の一部といえるものである。だから自治体の意向が強く反映される。簡単にいえば、福祉事務所といっても、実態は〝役所〟そのものなのである。

この福祉事務所にはケースワーカーと呼ばれる生活保護に関する指導員がいて、このケースワーカーが相談に乗ることになる。ケースワーカーが、生活保護の希望者と面談し、必要と判断すれば生活保護の申請をさせるのである。

ただ勘違いされやすいのだが、ケースワーカーが生活保護の申請に関する受理や却下の判断を任されているわけではない。ケースワーカーというのは、あくまで相談役としての存在であり、生活保護の申請をするかどうかというのは、本人が決めることである。

しかし財政が悪化している自治体などでは、このケースワーカーが面談したときに、いろいろと難癖をつけて、受給希望者を追い返したり、申請書を渡さなかったりする。今まで紹介してきた水際作戦、硫黄島作戦などを遂行してきたのは、このケースワーカーたちなのである。

●生活保護受給者にとっての閻魔《えんま》大王〝ケースワーカー〟とは

ケースワーカーは、生活保護の申請時の相談だけではなく、生活保護の受給が開始された後の受給者に対する生活指導などの役割も担っている。

また、生活保護行政での判断については、ケースワーカーに委《ゆだ》ねられている部分が大きい。そのため、生活保護受給者にとっては、ケースワーカーが閻魔《えんま》大王のような存在となっているのである。

たとえば、所有に関する成否も、ケースワーカーの判断による場合が多い。生活保護受給者が、仕事に使うのでどうしても自動車を所有したいと願い出た場合、その成否を判断するのは、事実上、ケースワーカーなのである。

福祉事務所のケースワーカーというと、大学の福祉学科を出たような、福祉に関してのプロフェッショナルと思われがちであるが、実はそうではない。普通の役人なのである。普通に公務員試験を受けて、役所に入った役人がなっているのだ。中には福祉を志し、しっかり勉強してケースワーカーになった人もいるが、大多数はそうではない。そのため、特に専門知識があるわけではない。そういういわば福祉の素人によって、究極の福祉である生活保護は運営されているのである。

また福祉事務所のケースワーカーなどという職種は、役場の中でもっとも嫌われているものである。ケースワーカーは、生活保護の受給者や、申請希望者から恨《うら》まれることも多い。生活保護受給者は、生活が荒れていることも多く、トラブルを起こすこともままある。それらの対応も、ケースワーカーの仕事となる。ケースワーカーの仕事は、大変なわりにはあまり報《むく》われない仕事であり、希望者もほとんどいない。だから必ずしも有能な人が入ってこず、生活保護行政がさらに悪化するという悪循環となっている。

ただし、このケースワーカーという存在、それほど恐れるものではない。ケースワーカーといっても、しょせんは役人である。

知識がない者、弱い者などに対しては、役人は適当に言いくるめようとするが、しっかりした根拠をもって、正当な主張をしてきた場合は、抗《あらが》いようがない。

そのためにも、生活保護の基本情報に関してしっかりした知識を身に付けていただきたい。

●福祉事務所の窓口へ行く

生活保護の申請の話に戻そう。

資産の処分などの準備が終わったら、福祉事務所の窓口に行くこととなる。

福祉事務所に行く際には、あらかじめ話すことを自分で整理しておこう。福祉事務所で聞かれることは、だいたい次のようなことである。

・現在の収入状況
・仕事があるかどうか（探しているかどうか）？
・資産がどのくらいあるか？
・家族や親戚は助けてくれるのか？

これらの質問には必ず答えられるようにしておきたい。

また福祉事務所によっては、さまざまな意地悪なことを言ってくる場合もある。それにも対処できるようにしておきたい。

また福祉事務所では、話をしながらメモを取ることをお勧めする。メモというのは公的な記録にはならないが、もし何かで裁判になったときには、証拠になりうるのだ。メモを取っている場合、福祉事務所の職員は、下手《へた》なことは言えなくなるからだ。役人などというものは、記録が残らない場所と、記録が残る場所では、態度がまったく違うので、記録を残すというポーズは効果があるのである。可能であれば録音してもいい。

●福祉事務所に騙されるな！

福祉事務所によっては、法律に合わないようなことを言ったり、嘘をついて生活保護を受けさせないように誘導する場合もある。

福祉事務所の騙しのパターンとその対処法を列挙しておく。

〈福祉事務所の騙しのパターン　1〉

「年齢的に若いし、健康だからまだ働けるでしょう」と言って、年齢的に生活保護が受けられないような言い方をして、諦《あきら》めさせる。

（対処法）生活保護は若くて健康だからといって受けられないものではない。若くて健康であっても、仕事が見つからなかったり、収入が少ない場合は、生活保護を受けることができる。

なので、自分の年齢や体力、求職しているが仕事が見つからないことなどをきちんと説明する。

もし、若いことを理由に、申請書を渡さないようなことがあれば、「自分には生活保護を受けられる条件があると思っているので、申請書をください。条件に合致していなければ、申請を却下すればいいだけでしょう？　申請するのは私の権利ですから、私の権利の侵害をしないでください」と明確に言おう。

〈福祉事務所の騙しのパターン　２〉

「家族や親類に支援してもらいなさい」と言って、「家族や親類がいれば、生活保護を受けられない」というように誘導することもある。

（対処法）「家族や親類には、支援が見込めない」ということをきっちり言っておこう。また福祉事務所から家族や親類に、支援を求める文書が送られる可能性もある。これは福祉事務所としては、当然の手立てであり、これを防ぐ方法はない。だから、生活保護の申請をする際には、嫌でも一度、家族や親類に話を通しておくべきだろう。家族に知られずに、生活保護を受けるというのは、無理である。

〈福祉事務所の騙しのパターン　3〉

持ち家がある人に対して「家があるなら家を売ったらどうですか？」と言い、生活保護を受けられないかのように思わせる。

（対処法）家があっても、自分が今、住んでいる場所であれば、生活保護は受けられる。だから「持ち家があっても生活保護は受けられるでしょう」とはっきり言おう。

●窓口では弱気ではダメ

福祉事務所の窓口に行くとき、気をつけなくてはならないのは、弱気ではダメということだ。

「お役人さん、どうか生活保護を受けさせてください」

などと下手《したて》に出る態度ではダメである。

何度も言うが役人というのは、弱い者には横柄に振る舞い、強い者には卑屈になる性質を持っている。相手が下手に出てくれれば、横柄になるのは目に見えている。

そしてなにより、あなたは役人から生活保護をもらうわけではない、ということをしっかり自覚しておいていただきたい。あなたは日本国民として当然の権利を行使するのであって、卑屈になる必要はまったくないのだ。

福祉事務所の職員が、申請書を渡さないというようなことがあれば、絶対に申請書をもらってくるべきである。申請書を要求している市民に、申請書を渡さないというのは違法行為であり、役人にとっては罰せられるものである。悪いのは役人のほうであり、あなたは堂々ともらってくればいいのだ。どうしても渡さないという場合は、その場で役人の名前をメモしておこう。そして、「市長あてに告発文を書きます」と言っておこう。そうすれば、たいがいの場合は、渡してくれるはずである。

●申請用紙をくれないなら自分で作ればOK

先にも述べたとおり、福祉事務所の水際作戦の一つとして、申請用紙を渡さないというものがある。

一般の市民の方々は、申請用紙がもらえなければ、生活保護は受けられないような錯覚に陥《おちい》るものである。しかし、これはまったくの誤解である。

申請用紙は、ただの用紙にすぎない。もし申請用紙がもらえないなら、自分で「生活保護の申請をします」と書いた紙を役所に提出すればいいのである。それで、申請されたものと同じ扱いになり、役所は必ず、受け付けなくてはならないのだ。

また、たちの悪い役所の場合は、受け取っているはずなのに、「そんな文書は届いていない」と言い張る可能性もある。それを防ぐためには、内容証明郵便で出すといいだろう。

また申請用紙は、生活保護を支援しているNPO法人のサイトに掲載されているものもあり、それをプリントしてもいい。

●市長（首長）あてに内容証明郵便を出す

市町村や福祉事務所の窓口が、どうしても申請を受け付けてくれない場合（申請書を渡してくれないなど）、市長あてに内容証明郵便を出す、という手もある。

文章の内容は「自分は生活が逼迫し生活保護を受けたいのだけれど、役所の窓口で門前払いをされた」というものでいい。

なぜ内容証明郵便は効果があるのか、というと、役所は「記録に残される」ということを非常に嫌がるのだ。

役所が、生活保護の申請者を窓口で追い返すとき、そのときの応答記録などはほとんど残されていない。残っているとしても、役所にひじょうに都合のいいことしか書いていないのだ。「〇〇さんが生活保護の相談に来たが、まだ働く意欲があるようで今回は申請をしないと言って帰った」という具合にである。

なぜ役所が記録を残していないかというと、本来、生活保護の申請を窓口で追い返すことは違法行為だからである。生活保護を申請したいという人に対して、それをさせない権利など役所にはない。もしそういうことをしていることがわかれば、その担当者は処分ものである。

また生活保護の申請に来た人が窓口で追い返されて、その人が困窮して死んだりすれば、当然、役所の責任が問われる。だから、役所としては、生活保護の申請や相談に来たという記録はなるべく残さないようにしているのだ。

こういう役人の機微は、筆者も官僚をしていたので細部までよく知っている。

役人として一番困るのは、自分たちに都合の悪い記録が残されることである。

つまり、内容証明郵便で市長あてに送れば「住民が生活保護の相談をしたのに、役所の窓口で追い返した」という証拠が外部に残るわけである。

役所の内部の書類というのは、役人が勝手に書いているものなので、適当に都合のいいように記されている。しかし、内容証明郵便となれば、外部に記録として残されるわけであり、役人としては改竄《かいざん》のしようがない。もし差出人が、困窮して死んだりすれば、役所としては大問題となる。しかも、市長（首長）あてに内容証明郵便が出されていたとなれば、市長の責任も強く問われることになる。だから役所としては、黙殺することができなくなるのだ。

●しかるべき人（団体）と一緒に行けば、一発で受理される

生活保護の申請に行くとき、劇的に有効なのは、「しかるべき人」と一緒に行くことである。

「しかるべき人」というのは、生活保護申請に関する専門知識を持っている人のことであり、弁護士、NPO法人、政党関係者などである。

これは役所のもっとも嫌な部分なのだが、専門知識がない人に対しては、適当に誤魔化して門前払いを食らわせるが、専門知識がある人に対しては厳正に法に則した対応をするのである。だから、条件さえクリアしていれば、簡単に生活保護を受けることができる。

また役所は、当事者だけが訪れた場合は、横暴な態度に出るが、第三者が同席して

いる場合は、丁重な対応をするのである。この点は、役所の最大の欠点であり、直してもらわなければならない点であるが、今、そんなことを言っても問題の解決にはならない。

だから、とりあえず「しかるべき人」を探して、同席してもらうことをお勧めする。

「しかるべき人」は、インターネットなどで調べれば簡単に見つけることができる。生活保護の支援をしているNPO法人はたくさんあるし、弁護士などもほとんどの人が相談に乗ってくれる。左翼政党関係に相談してもいいし、大手宗教団体なども相談に乗ってくれるようである。相談することに抵抗がある人もいるかもしれないが、自分が本当に生活に困っている際には、手段を選んでなどはいられないのだ。

●もっとも確実なのは、弁護士に相談すること

前項では、「しかるべき人」に同席してもらえば、生活保護は確実に申請できるし、条件さえクリアしていれば、受給できると述べた。

が、普通の人にとって「しかるべき人」を探すのは、なかなか大変だとも思われる。NPO法人や左翼政党、宗教団体に頼るのは抵抗があるという人もいるだろう。知り合いにNPO法人関係者や、左翼政党関係者がいるならば別だが、普通の人にはなかなかなじみがないだろう。

そういう人たちに、もっとも確実にお勧めできるのは、弁護士である。

弁護士ならば、生活保護受給の法的な条件を満たしてさえいれば、確実に手続きをとってくれる。

福祉事務所や役所の窓口でも、普通の市民が相談に来た場合は、なかなか申請書をくれないなどの意地悪をされるが、弁護士が同伴で来た場合は、そういうことはまずない。後述するが、弁護士費用はたいしたことはない。

NPO法人に相談するという手もあるが、前述したように、NPO法人には半ば貧困ビジネス業者化したものもあるので、生活保護の申請をとる条件として、寄付を要求されたり、NPO法人の指定するアパートなどに入居しなければならなかったりする。

もちろん、いいＮＰＯ法人には、生活保護の手続きのみならず、生活の立て直しや、自身が抱えているさまざまなトラブルの解決に手を貸してくれることもある。そういうＮＰＯ法人をうまく見つけ出せれば、弁護士に頼むより頼りがいがある場合もある。

しかし、どのＮＰＯ法人が善良で、どのＮＰＯ法人が悪質かというのは、外部からはなかなかわかり辛い。だから、もっとも確実なのは、弁護士に相談するということだといえる。

●弁護士費用はほとんど無料

生活保護の希望者にとって、弁護士というのはなかなか遠い存在と思われる。弁護士といえば、普通は30分の相談をしただけでも5０００円以上取られるものである。そういうところに簡単に相談には行けないものである。

しかし、生活保護の申請に関しては、弁護士は無料でやってくれる。これは、各地域の弁護士会が申し合わせて、生活保護の弁護士費用については無料にすることにしているのだ。各弁護士は、生活保護の申請を代行してやった場合、弁護士会から報酬のようなものが支払われることになっているので、弁護士としても損はない。だから、気楽に相談すればいいのである。

弁護士を頼むには、直接、弁護士事務所に電話などでコンタクトを取ってもいいが、もっとも確実なのはその地域の弁護士会に連絡してみることである。

また各弁護士会では、無料法律相談会を行なったり、「法テラス」という低所得者のための無料法律相談窓口を設けたりしている。それらを利用して、自分が生活保護を受けられるかどうかを打診し、受けられそうならば手続きの代行をお願いすればいい。「法テラス」の詳細は、インターネットで「法テラス」と検索すればすぐにわかる。

●ホームレスやネットカフェ難民の申請

あなたが、もし決まった住所がなく、路上生活やネットカフェでの生活を余儀なくされている場合、生活保護を申請するには、弁護士に相談することである。

ホームレスやネットカフェ難民も、生活保護を受けられる権利はあるのだが、役所のほうも「住所が確定していないから、うちの管轄かどうかわからない」などと、いろいろと難癖をつけて、渋る可能性が高い。

ホームレスやネットカフェ難民の方は、生活保護の支給は緊急を要するものであり、役所の対応を待ってはいられないだろう。だから、どうにかして弁護士に相談してほしい。

弁護士は、インターネットなどで検索すれば簡単に調べられるし、だいたいほとんどの弁護士は相談に応じてくれるはずだ。また都心部のオフィス街に行けば、弁護士の看板などは容易に見つけられるはずだし、電話帳で調べるのも簡単である。飛び込みでいいので、弁護士事務所に行くべきである。

●借金がある場合は？

生活保護を受けたいと思っている人の中には、多額の借金を抱えている人も多いはずである。前述したように、借金があっても生活保護は受けられるのだが、生活保護費は借金の返済には使えないという法的な縛りがあり、それを盾《たて》にして役所側が申請を拒む可能性がある。

役所は借金があるからといって、申請を拒むことはできない。生活保護費を借金の返済に充《あ》ててはならない、というだけであって、借金の返済に充てさせないように指導するのも、本来は役所の仕事なのである。しかし、事実上、役所がなかなかそこまでやってくれないし、役所にそれをやらせようとすれば、大変な労力が必要となる。

したがって、この場合も、弁護士に相談したほうがいい。

自己破産などで借金の整理をし、生活保護の申請をしてもらうのだ。自己破産などの手続きには、若干の弁護士費用がかかるが、だいたいの弁護士は生活保護が支給されるようになるまで待ってくれるはずである。

また前述した「法テラス」などを利用してもいいだろう。

第七章

日本の生活保護費はアメリカの1割

●日本の生活保護制度は遅れている

これまで、日本では生活保護受給者が急増してきたことを述べてきた。

これらを見たとき、「日本は生活保護が多すぎる」と思った人もいるだろう。

しかし、その考えは早計である。

たしかに日本ではこの十数年で生活保護受給者が激増しており、それはそれで大きな問題であり、解決しなければならない。が、ここでいったん、世界に目を転じてみたい。

日本の生活保護費は、他の先進諸国と比べたらどうなのか？

多いのか少ないのか、充実しているのかいないのか。

日本人は皆、日本の社会保障は先進国並みと思っている。しかし、これは大きな勘違いなのだ。

驚くべきことかもしれないが、日本は他の先進国と比べれば、生活保護の支出も受給率もひじょうに低いのである。

詳しくは後述するが、他の先進国と比べた場合、日本の生活保護に関する支出は断トツで低く、自由の国アメリカの10分の1程度なのである。

イギリスやドイツでは、生活保護を受けるべき貧困者の70〜80％が実際に生活保護を受けているとされている。しかし、日本の場合、20〜30％程度しか受けていないとされている。

実は日本は〝生活保護大国〟ではなく、〝生活保護貧国〟なのである。本章では、その点について述べていきたい。

●日本の生活保護費はアメリカの10分の1

生活保護基準以下で暮らしている人たちのうちで、実際に生活保護を受けている人がどのくらいいるかという「生活保護捕捉率」は、日本ではだいたい20％程度とされている。

つまり、本来は生活保護を受けるべき状況なのに受けていない人が、生活保護受給者の4倍もいるというのである。

しかし前述のとおり、イギリス、フランス、ドイツなどの先進国では、要保護世帯

社会保障費の内訳（平成19年度）

生活保護費	社会福祉費	社会保険費	保健衛生	失業対策	計
2,006	1,563	16,267	485	234	20,555

単位・10億円

平成21年日本統計年鑑より

の70〜80％が生活保護を受けているとされている。

実は日本の生活保護費は、他の先進国に比べればその支出額が圧倒的に少ない。

上の表にあるように、日本の生活保護費は、社会保障費のうちの10％にも満たない。歳出全体から見れば2％ちょっとなのである。

GDP比では0・3％であり、あの自己責任の国アメリカの1割にも満たないのである。

また生活保護受給者の数も圧倒的に少ない。国民のわずか0・7％であり、これもアメリカの1割にも満たない。

この事実は、「日本は生活保護の必要が少ない豊かな国」というわけではもちろんない。日本では、生活保護の必要がある人でも、なかなか生活保護を受けることができない。「日本は生活保護がひじょうに受けにくい」ということなのである。

欧米諸国は、国民の権利はきちんと守るのである（少なくとも日本よりは）。生活保護の申請を、市役所の窓口でせき止めるなどということは、絶対にありえないのである。もしそんなことをすれば、国民から猛反発を受けるのだ。

欧米諸国では国民の権利意識はとても強いし、国のほうも国民の権利は絶対に侵《おか》さないのだ。国民の権利、労働者の権利をきちんと尊重した上での〝激しい経済競争〟なのである。

その部分を日本の為政者たちは、まったく履《は》き違えているのである。

●日本の社会保障は発展途上国並み

生活保護のみならず、社会保障全般において、日本は他の先進国に比べてかなり遅れている。

日本人の多くは、「日本は社会保障が充実している」「少なくとも先進国並みの水準にはある」と思っている。

しかし、これは大きな間違いである。

昨今、政府は「社会保障の増大で財政赤字になった」などと喧伝している。だから、多くの人は「日本は社会保障に金をかけている」と信じ込んでいるのだ。

これは真っ赤なウソである。

たしかに日本は莫大な社会保障費を国費から出している。国の歳出の中でもっとも多いものは社会保障費であり、毎年30兆円近い額を国庫から支出している。

しかしこの社会保障費の半分近くは、実は医療費に回されているのである。平成20年度の社会保障費の内訳（厚生労働省資料）によると、社会保障費のうち39・6％が医療費である。平成19年度は、40・2％であり、だいたい40％前後で推移している。

また前述したように生活保護費も、その半分以上が医療扶助である。

その一方で、社会扶助や、実質的な生活保障に使われている費用はひじょうに少ない。日本の一般の人が思っているより、かなり低いのだ。先進国ではあり得ないくらいのレベルといっていいだろう。

そして、この社会保障費の異常な低さが、日本経済に大きな歪《ゆが》みを生じさせている

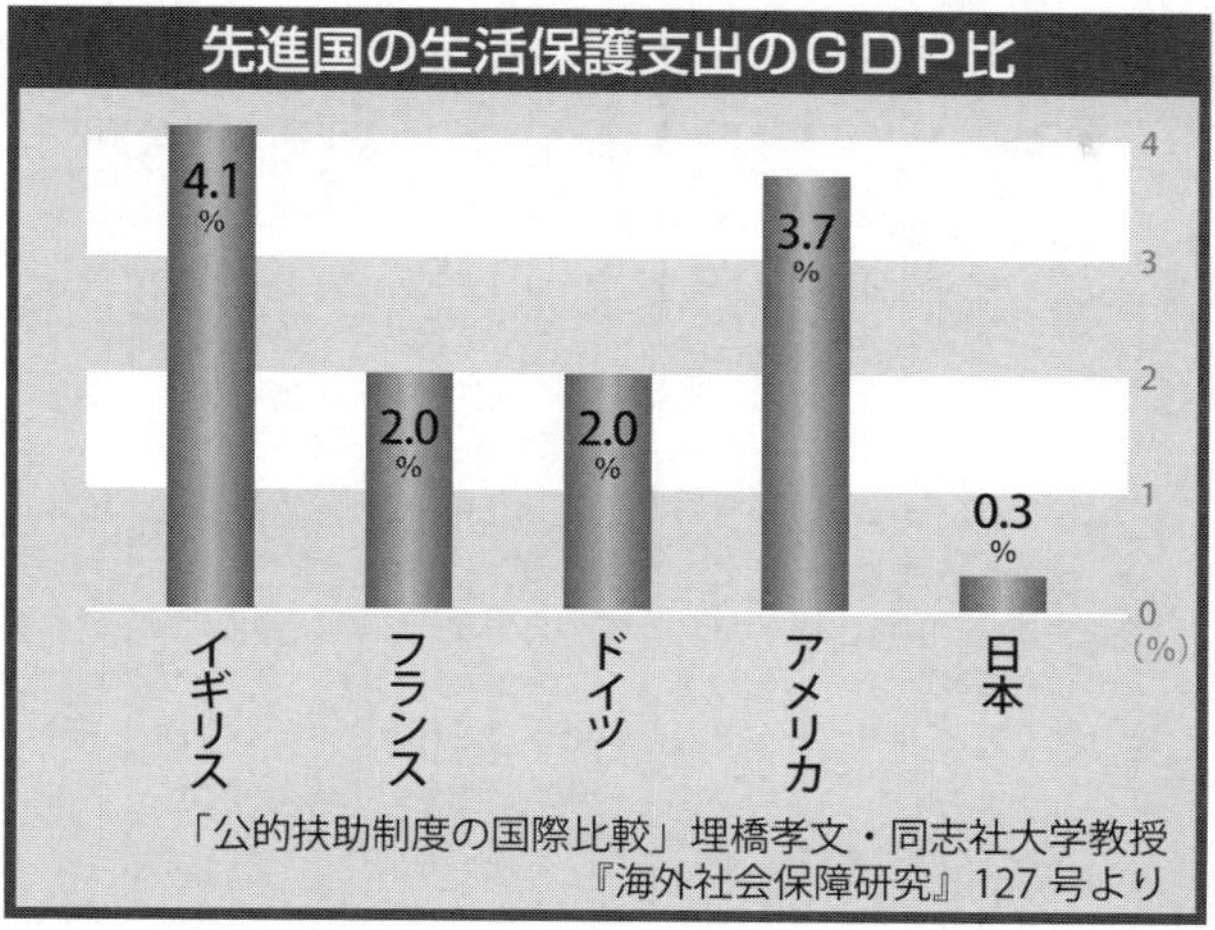
先進国の生活保護支出のGDP比
4.1%
2.0%
2.0%
3.7%
0.3%
4
3
2
1
0
(%)
イギリス
フランス
ドイツ
アメリカ
日本
「公的扶助制度の国際比較」埋橋孝文・同志社大学教授
『海外社会保障研究』127号より

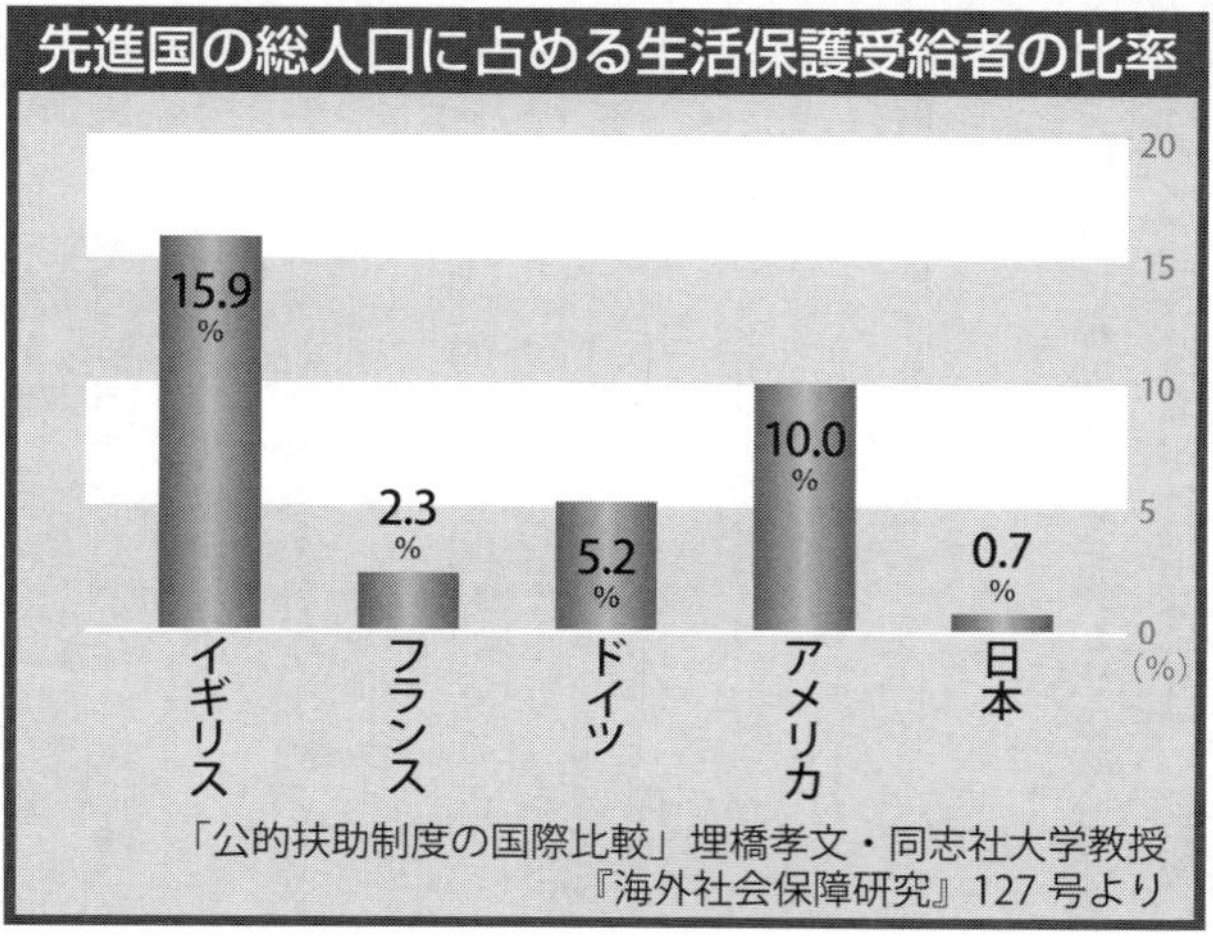
先進国の総人口に占める生活保護受給者の比率
15.9%
2.3%
5.2%
10.0%
0.7%
20
15
10
5
0
(%)
イギリス
フランス
ドイツ
アメリカ
日本
「公的扶助制度の国際比較」埋橋孝文・同志社大学教授
『海外社会保障研究』127号より

主要国の国家予算の内訳（2003年）

	行政	防衛	治安	経済	環境	住宅	医療	文化	教育	社会保障
イギリス	6.0	12.4	10.6	6.5	2.5	1.8	30.1	1.9	17.2	11.0
フランス	11.3	8.9	4.5	3.5	0.9	4.1	28.9	3.7	21.9	12.3
ドイツ	12.4	6.2	8.4	2.1	0.4	1.4	32.8	2.2	18.0	16.2
アメリカ	9.4	25.0	12.9	11.7	-	0.5	4.6	1.5	29.8	4.6
日本	9.3	4.8	6.4	12.1	6.5	1.4	36.0	0.4	19.1	4.0

（%）

2006年版世界統計年鑑より

のだ。日本人が働いても働いても楽にならない最大の要因は、この社会保障費の低さにあるといってもいいのだ。

日本は、先進国並みの社会保障の構築はまったくしてきていない。社会保障に関しては圧倒的に後進国といえるのだ。

上の表のように、日本の社会保障費は、先進国の中で断トツの最低なのである。世界中に軍を派遣しているアメリカ、自由競争のアメリカよりも、社会保障費の割合は低いのだ。

●低所得者に補助金、食事券が出る欧米諸国

日本の社会保障が貧困なのは、金額だ

けではない。その内容も、ひじょうにお粗末なのである。

たとえば「自由競争の国」とされているアメリカは、前述したように公的扶助に日本の10倍を費やしている。しかもアメリカの公的扶助は、日本のように生活保護一本槍ではない。バリエーションに富んだメリハリの利《き》いた保護を行なっているのだ。

アメリカには勤労所得税額控除（ＥＩＴＣ）と呼ばれる補助金がある。

これは収入が一定額以下になった場合、国から補助金がもらえるという制度である。ＥＩＴＣとはEarned Income Tax Credit の略である。課税最低限度に達していない家庭は、税金を納めるのではなく、逆に還付されるという制度で、１９７５年に貧困対策として始まった。

年収が1万ドル程度の家庭は、40万円程度の補助金がもらえる。これは子供を持つ家庭だけに限られる。また片親の家庭では、現金給付、食費補助、住宅給付、健康保険給付、給食給付などを受けられる制度もある。イギリスやフランスにも同様の制度がある。

このように、アメリカは貧しく子供のいる家庭は、手厚い公的扶助が受けられる。

またアメリカは子供のいない健常者（老人を除く）などに対しては、現金給付ではなく、フードスタンプなど食費補助などの支援が中心となる。現金給付をすると、勤労意欲を失ってしまうからである。

フードスタンプとは、月100ドル程度の食料品を購入できるスタンプ（金券のようなもの）が支給される制度である。スーパーやレストランなどで使用でき、酒、タバコなどの嗜好品は購入できない。1964年に貧困対策として始められた。

このフードスタンプは申請すれば比較的簡単に受けられる。日本の生活保護よりは、はるかにハードルが低い。2010年3月のアメリカ農務省の発表では、4000万人がフードスタンプを受けたという。実に、アメリカ国民の8人に1人がフードスタンプの恩恵に与《あずか》っているのである。

●日本にもフードスタンプがあれば、餓死事件は防げた

もし日本にフードスタンプのような制度があれば、生活保護行政全体がかなり充実するし、不正受給もかなり防げるはずである。

生活保護までは受けたくないけれど、国にちょっと援助してほしい、という人はかなり多いはずだ。また、ちょっと援助してもらえば、生活保護を受けなくてすむ人、路上生活に陥らなくてすむ人もかなりいると思われる。

フードスタンプがあれば、そういう人たちを救うことになるのだ。

行政側も、生活保護には慎重になるが、フードスタンプならば支給しやすいだろう。前に紹介した北九州市で、生活保護の受給を止められた人が「オニギリ食いたーい」と書き残して餓死した事件も、もしフードスタンプがあれば防げたはずである。

「フードスタンプは、自分が貧しいということを公表するようなものだから、嫌がる人が多いのではないか？」

という意見もあるだろう。

しかし、少しやり方を考えれば、そんな問題は簡単にクリアできる。

昨今は、通信販売網などが整備されているのだから、通信配給制などにすればプライバシーは守られる。たとえば、一定の収入以下の家庭には、年間数十万円分の食糧が支給されるようにするのだ。受給者は、カタログのような見本を見て、その中から金額内の食糧を自由に選んで、送付してもらうのである。

現在、食糧のネット販売をしている業者は多数あり、官庁が公募すれば、この事業をやりたがる業者はいくらでもいるだろう。そして普通のスーパーなどで買うよりも、かなり格安で食糧を支給することが可能なはずである。

生活保護費の食糧分の支給はこれで賄うことができるので、生活保護費の削減にもつながるだろう。

また食糧の支給は、現金の支給と違って、転用するのは難しいので、不正受給をしようとする人もかなり減るはずである。発覚した事件などを見ても、現在、不正受給をしている人たちは、お金が欲しくてやっているのであり、食糧をもらってもあまり意味がないケースが多いからだ。

こういう「ちょっとした工夫」「状況に合わせた対応」が、日本の社会保障行政ではまったくなされていないのだ。

もちろん、フードスタンプにも、さまざまな欠陥はあるだろう。別の意味での不正受給が生じる可能性もある。それらの問題はクリアしていく必要がある。

しかし、大事なのは、生活保護行政に多様性と利便性をもたせるということである。現状はあまりに硬直化しており、利便性が悪い上に、財政の無駄も招いているからだ。

●欧米と日本では、社会保障の意味合いが違う

欧米では労働組合の力がひじょうに強く、労働者の権利は強固に守られている。さらにアメリカでは公的な扶助以外にも、慈善事業などが発達している。アメリカの慈善事業に対する寄付は、年間20兆円前後といわれている。日本の生活保護費の6～7倍である。

このようにアメリカは、社会全体でセーフティーネットが構築されているのだ。この充実したセーフティーネットを作った上での「厳しい競争社会」なのである。

日本の政治家（特に小泉内閣）は、アメリカのそういった面はまったく見習うことなく、「厳しい競争社会」の面だけを真似しようとした。それが、深刻な格差社会を出現せしめたのである。

こういうことを言うと、「欧米でもホームレスはいるじゃないか、日本よりもっとひどいところもあるじゃないか」と反論する人もいるだろう。

たしかに、欧米にもホームレスはいるし、日本よりも多いような国もある。

しかし、欧米と日本では事情がかなり異《こと》なるのである。

欧米は、昔から移民や難民を多数受け入れてきた。つまり外国人がひじょうに多いのである。欧米のホームレスの多くは、移民や難民なのである。

欧米では、ホームレスの支援をするとき、もっともオーソドックスな方法は、国籍を取らせることである。国籍さえ取れば、国の保護が受けられるからだ。つまり、欧米のホームレスのほとんどは、自国の国籍を持たない、不法移民、不法滞在者なのである。正真正銘の自国民が、これだけ多く路頭に迷っているのは日本だけなのである。

日本の生活保護制度がいかに貧弱なものであるか、いや日本の社会保障制度がいかにイカサマなものであるか、ということである。

●貧困者向けの住宅も圧倒的に少ない

日本は、直接的な社会保障だけではなく、貧困者のためのインフラ整備も圧倒的に遅れている。

その最たるものが、住宅政策である。

日本は、低所得者への住宅支援の面でも、先進国とは思えないほど遅れているのだ。

日本では、住宅支援は公営住宅くらいしかなく、その数も全世帯の4%にすぎない。支出される国の費用は、わずか2399億円である。184ページの表のように他の先進諸国の1～2割に過ぎないのだ。しかも、昨今、急激に減額されているのである。

2399億円というのは、国の歳出の0・3%程度でしかない。また国の公共事業費の2%にすぎない。住む家がない人が大勢いるというのに、橋や道路を造っている場合ではないだろうという話である。

他の先進国ではこうではない。

フランスでは全世帯の23％が国から住宅の補助を受けている。その額は、1兆8000億円である。またイギリスでも全世帯の18％が住宅補助を受けている。その額、2兆6000億円。自己責任の国と言われているアメリカでも、住宅政策に毎年3兆円程度が使われている。

日本で公営住宅に入れる基準は「月収15万8000円以下」となっている。この基準では、子育て世代はまず入れない。子供が多くて、生活に困っている世代には、まったく用をなさないのである。

しかも、月収15万8000円以下の人なら誰でも入れるというわけではない。公営住宅の総戸数が圧倒的に少ないので、抽選に当たった者しか入れない。2005年の応募倍率は9・9倍である。

つまり、公営住宅は、貧困対策としてはまったく機能していないといっていい。生活保護受給者やネットカフェ難民、ホームレスなどが増えたのも、この住宅政策の貧困さゆえである。

厚生労働省の2007年の調査では、全国に約5400人のネットカフェ難民がいると推定されている。その多くは、なんらかの仕事をしており、なんらかの収入があるが、家賃を払えなくなったため、ネットカフェを寝る場所として利用しているのである。公営住宅にもっと簡単に入ることができれば、ネットカフェ難民の問題などすぐに解決するはずだ。

生活保護受給者やホームレスなども、しかりである。低所得者が生活に行きづまるのは、家賃が払えなくなったときである。家賃が払えなくなったとき、生活保護を求めるか、それができなければ路上生活に追い込まれるのである。

もし日本が欧米並みの年間2兆円の住宅支援をしていれば、概算でも100万世帯以上の住宅が確保できるはずだ。日本の生活保護は半減しているだろうし、ホームレスもほとんどいないはずである。

●日本の生活保護制度は勤労意欲を失う

結局、筆者は何が言いたかったかというと、日本の生活保護というのは、支給額、支給件数が少ないということとともに、制度があまりに硬直化しているということである。

これまで見てきたように日本の生活保護と先進諸国の生活保障制度を比べたとき、日本のそれはあまりに弾力性がないといえる。

欧米の社会保障は、生活費全般の面倒を見ることよりも、「足りない分を補《おぎな》う」ということに重点が置かれている。住宅支援であったり、食事の支援であったりの部分的な扶助が充実しているのである。

金銭的な扶助も、生活費を丸々面倒見るよりも、子供の養育費として支給したり、最低基準の所得と、現在の収入を比較して不足している部分を補う、というような形がとられている。それは、勤労意欲を保持しつづけるという面でも効果がある。

つまり欧米の生活保護は多くの人が受けられる上に、勤労意欲を損《そこ》なわない工夫がされているのだ。

しかし日本の場合は、なかなか生活保護などの社会保障が受けられない一方で、いったん、生活保護を受けると、生活全般の面倒を見てもらえることになっている。そのため生活保護を受けはじめた人は、もうそこから抜け出せなくなる。また不正に生活保護を受給しようとするケースも後を絶たない。それがまた生活保護の申請のハードルを高くしているのだ。

日本の場合も、欧米のような工夫をするべきだろう。

「生活費全般の面倒を見る」というだけではなく、貧困者向けの住居を整備したり、食事券などの補助的な支援を拡充するべきだろう。そうすれば、生活保護受給のハードルも低くなり、誰でも受けやすくなる。そして収入が好転すれば、生活保護からも抜け出せるのである。

もし生活保護の制度をもっと充実させれば、ホームレスやワーキングプアの相当数が減るはずである。そしてホームレスやワーキングプアが減れば、社会の不安感、閉塞感も取り除かれるのである。

筆者は「欧米は理想的な社会扶助を行なっている、だからそれを全部、真似しろ」と言っているわけではない。少なくとも、欧米は日本よりもお金をかけ、日本よりも工夫をしている、と言いたいわけである。

日本の公的扶助は、「金額が少ない上に工夫がない」。それを改善するべきと言っているのだ。そして、少なくとも他の先進国の水準までには引き上げるべきである。

●日本の失業保険は役に立たない

日本の社会保障の遅れを象徴するものに、失業保険がある。

日本の失業保険は、失業して本当に困っている人にとってはほとんど役に立たない。それが、生活保護受給者や自殺の急増の一因になっているのだ。

日本の失業保険（雇用保険）の欠陥は、アフターフォローがまったくない、というところにある。

日本の失業保険の場合、職業訓練学校に入れば支給期間が延びたりするなどの裏ワザはあるが、実際の給付期間は非常に短い。最長でも、３３０日分しかもらえない（20年以上勤務で45歳以上60歳未満）。40代後半から上の男は、そうそう次の就職先が見つかるものではない。そしてこの世代は、子供の教育費や家のローンがかさみ、一番金のかかる世代である。その世代で、３３０日しか生活が保障されないのである。

もしこの間に、再就職先が見つからなければ、この人は野垂れ死にするか、生活保護を受給するしかないのである。しかも他の世代では、失業保険の支給期間はもっと短い。

しかし、他の先進国ではそうではない。

先進諸国は、失業保険だけではなく、さまざまな形で失業者を支援する制度がある。

その代表的なものが「失業扶助制度」である。

失業扶助制度というのは、失業保険が切れた人や、失業保険に加入していなかった人の生活費を補助する制度である。「失業保険」と「生活保護」の中間的なものである。この制度は、イギリス、フランス、ドイツ、スペイン、スウェーデンなどが採用している。

たとえばドイツでは、失業手当と生活保護が連動しており、失業手当をもらえる期間は最長18カ月だけれど、もしそれでも職が見つからなければ、社会扶助が受けられるようになっている。失業手当を18カ月もらえるというだけでも、日本より相当に充実しているのに、さらにアフターフォローの制度があるのだ。

また、15歳未満の子供を持つ家庭には別途の手当が支給されるし、公共職業安定所では、扶養家族がいる者を優先するなどの配慮がされている。

他の先進諸国でも、失業手当の支給が切れてもなお職が得られない者は、失業手当とは切り離した、政府からの給付が受けられるような制度を持っている。「より困っている者を助ける」という工夫がなされているのだ。

そして、いったん失業し、失業手当などを受け始めた人に対して、その人の生活が成り立つまでは、国がなんらかの面倒を見るのである。日本のように、失業保険の支給期間が終われば、「後のことは自分でやってください」とはならないのである。

その代わり、公共職業安定所が紹介した仕事を拒否すれば、失業保険が受けられなかったり、失業手当を受けるためには、財産調査をされたりなどの厳しい制約もある。

日本は、失業すれば失業手当は誰でももらえるけれど期間は短いし、アフターフォローもない。生活保護受給者や自殺が増えるのも無理はないのである。

日本の現在の失業率は、他の主要国と比べてかなり低い。だから、失業保険の欠陥などはあまりクローズアップされない。しかし、今後、失業率が上昇すれば、失業保険の欠陥は、必ず大きな社会問題になるはずである。

●年金の不備が生活保護受給者の激増を招く

日本の年金制度も、社会保障の役割を果たしていない。

年金の本来の役割というのは、老後に収入や財産がない人の生活を保障するものである。しかし日本の場合、掛け金に応じてしかもらえないので、もともと収入の低かった人は、微々《びび》たる年金しかもらえない。

しかも年金がもらえるようになるまでの期間がひじょうに長いので、年金を払っているのにもらえない、という人も多々いる。

日本では25年もの間、年金の掛け金を拠出していないと、年金はまったくもらえない（老齢基礎年金の場合）。

しかしイギリスでは11年拠出すればもらえるし、アメリカでは10年拠出すればもらえる。欧米諸国はだいたい10年から15年くらい拠出すればもらえるのだ。ドイツなどは5年間拠出すればもらえる。韓国でも10年以上の拠出で受給資格が生じるのだ。日本の拠出期間は異常に長いといえるだろう。

また年金を掛けていなければ、まったくもらえない。

だから年金を掛けていない人たちは、他に収入がなければ生活保護を受けるしかない。

しかも昨今は非正規雇用が激増しているのだ。非正規雇用が増えるということは、将来的に年金に加入していない老人が激増するということだ。このままいけば日本の老後は散々なものになるはずだ。現在の年金制度のままでは、将来的には何の役目も果たさないものになるだろう。

その一方で、日本の年金制度は、高額所得者にとりわけ有利になっている。以前、日銀の総裁が年金を年間800万円以上もらっていることが話題になったが、日本の年金は掛け金が大きい人はそれに比例して年金がもらえるので、年金の高額所得者はかなりいるのだ。65歳以上で、年間700万円以上の所得がある人はなんと400万人もいるのだ。

掛けた金額に応じて支払われるのであれば、それは「公的年金」としての意味がない。極端な言い方をすれば、これではただの金融商品である。公的年金というのは、老後の不安を解消するために社会全体で資金を拠出し、生活に困っている人に厚く、困っていない人には薄くするのが当たり前なのである。

しかし、日本の年金は「公的年金」としての機能をまったく果たしていない。だから、年金だけでは食えない人が続出しているわけである。

このような貧弱な公的年金しか持たない国は、先進国では日本だけだといえる。

他の先進国は、年金の面でもさまざまな工夫をして、低所得の老人のケアを行なっている。たとえば、ドイツでは年金額が低い（もしくはもらえない）老人に対しては、社会扶助という形でケアされることになっている。日本の生活保護のように一律の支給ではなく、その人の貧困具合に合わせて、家賃の補助、住居の提供、食費、光熱費の補助などが行なわれるのだ。

またフランスでも、年金がもらえないような高齢者には、平均賃金の3割の所得を保障する制度がある。イギリスにも同様の制度がある。

自由競争の国、アメリカにも、年金がもらえない低所得者の所得保障制度はある。基準以下の高齢者は、一人暮らしの人は654０ドルまで、夫婦の場合は、９８０４ドルまでの補助が受けられる。ただし、アメリカの場合は厳格な資産調査があり、資産を保持していない人しか、この保障制度は受けられない。

●失業保険、年金、生活保護がバラバラで非効率

前項まで、日本の失業保険（雇用保険）や年金が、いかに社会保障の役割を果たしていないかということを述べてきたが、それらの根本的な要因は、日本の社会保障には「全体的な統一性がない」ということである。

日本の社会保障は、失業保険、年金、生活保護は、管轄する官庁がみなバラバラで相互の連絡もなく有機的な機能性がまったくないのである。

失業保険と年金、生活保護などは、それぞれが連携すれば、今よりはるかに効率的な社会保障ができるはずだ。

たとえば「年金の額をもう少し増やせば、生活保護を受けずに済む」というケース

は多々ある。この場合は、年金の額を補助すれば、生活保護は支給しなくても済むので、国家全体としても安上がりになる。

また「失業保険をもう少し長くもらえれば、年金につながり生活保護を受けなくてもいい」というようなケースも多々ある。この場合も、失業保険の支給期間を少し延ばせば、国全体の支出が減るのである。

その逆に、必要もないのに失業保険をもらい、その上でその後悠々と年金をもらいつづけるというケースも世の中には多い。そういうケースでは、失業保険の支給はしないような処置をするべきだろう。

現在の制度では、年金は年金、生活保護は生活保護、失業保険は失業保険というふうに各自が独立し、相互の協力関係はまったくない。これは結局、巨大な無駄を生んでいるのだ。

社会保障（セーフティーネット）は、官庁を一本化していただきたい。そして新しくできた官庁には「国民を一人たりとも路頭に迷わせない」ということを、最低限の義務としていただきたい。

●「生活保護費が財政を圧迫している」というウソ

ここまで、日本の生活保護や社会保障は、他の先進国と比べればひじょうに低い水準にあるということを述べてきたが、こんな疑問を持つ人もいるのじゃないだろうか？

「ならばなぜ、日本の財政赤字はこんなに多いのだ？」と。

現在、日本の財政赤字は８００兆円に達している。そして、国は「この財政赤字は社会保障の増大によるもの」と弁明してきた。ほとんどの国民はそれを信じ込んでいる。

しかし、先ほど述べたように他の先進国に比べれば、日本の社会保障費はけっして多いものではない。

ではなぜ財政赤字がこれだけ累積したのか？

財政悪化の原因は、実は１９９０年代に行なわれた天文学的な公共事業によるものなのである。

それは、単純に国の支出額を計算していけばわかることである。

１９９０年、日本は赤字国債（特例国債）の発行をゼロにして、財政の健全化を達成していた。しかし、その年、日本はアメリカの要求で、その後10年間で４３０兆円の公共事業を行なうことにした。

当時、アメリカは対日貿易赤字で苦しんでいたので、日本に公共事業を行なわせることで、日本の国内需要を喚起させようとしたのだ。この４３０兆円の公共事業計画は、その後、６３０兆円に上方修正された。

現在の国の８００兆円の借金というのは、間違いなくこのときの６３０兆円の公共事業が原因なのである。

数理的に、どこからどう見てもそうである。

当時の社会保障費は、わずか11兆円ちょっとである。公共事業費は年間60兆円以上だった。誰がみても、どちらが借金の原因かは一目瞭然だろう。

この６３０兆円というのは明らかに異常な額である。

日本の年間ＧＤＰをはるかに超える額であり、当時の国家予算の10年分である。当時の社会保障費の50年分以上である。それを丸々公共事業につぎ込んだのだから、借金ができないほうがおかしいのだ。
筆者は公共事業自体を否定するものではないし、本当に必要とされる公共事業は今でもたくさんあると考えている。しかし、90年代の公共事業というのは、明らかに異常値であり、これが現在の財政悪化の最大の要因であることは紛れもない事実なのである。

「現在の財政赤字は社会保障の増大によるもの」
という弁明は大ウソである。足し算、引き算ができるものならば、誰だってこのウソに気付くはずである。

だから、生活保護や社会保障の問題を論じるとき「財政悪化の原因は社会保障」というキーワードは絶対に削除しておかなければならないのである。そうしないと、社会保障に関する問題は、冷静に論じることができなくなるのだ。

●日本は社会保障のことを真剣に考えたことがない

日本の社会保障が、他の先進諸国に比べて遅れているのは、「日本はまだ社会保障について真剣に考えたことがないから」だといえる。

日本という国は、幸か不幸か社会保障について真剣に考える機会があまりなかった。

戦前の日本では、国民の半数が農家であり、失業や非正規雇用などの問題はそれほど大きくはなかった。日本は、明治維新のころ（約１４０年前）までは人口の９割が農家だった。明治維新で、西洋の産業が導入されたが、それでも終戦までは人口の５割が農家だったのである。だから戦前までの日本というのは、「失業」や「生活保障」の問題はあまり生じなかったのだ。日本人の大半は農家に生まれており、貧しいながらもとりあえず「仕事」と「家」と「食べ物」はあったからだ。

また人口の半分が農家だということは、残りの半分の労働者や職人たちも、ほとんどは「実家が農家」だった。彼らは仕事がなくなれば、最終的には実家に帰ればよかったのである。

そして戦前は、「家長制度」というものがあり、家長は家族の面倒を必ずみなければならなかった。家族の生活全般に責任を持たなければならなかったのである。だから、次男や三男が仕事にあぶれて実家に帰ってくれば、面倒を見ざるをえなかったのだ。だから貧しい暮らしをしていても、家族同士で助け合っていたために、「路頭に迷う」というような人は意外と少なかったのである。

終戦直後は、食えない者が街にあふれ社会保障制度を必要とする時期があった。とりあえず、GHQの指示のもとで、先進国をまねた社会保障制度は作られた。が、国民全体が食うや食わずの生活をしていたために、「社会保障の整備」よりも国の復興に力が注《そそ》がれた。国民は自力で自分の生活を立て直すしかなかったし、国に頼れる状況ではなかったのである。

そうこうするうちに経済が復興し、今度は高度経済成長の時代に入った。人手不足がつづき、生活水準もどんどん上がっていき、生活保護を必要とする貧困者も減っていった。失業問題や貧困は、経済成長とともに自然に解消された。その状態がバブル期までつづいたのである。

そのため近代日本は、社会保障を真剣に構築しようと考えたことがなかったのだ。欧米社会はそうではない。産業革命以来、たびたび失業問題や不況が社会を混乱に陥《おとしい》れた。そのため労働者の権利保護や社会保障が発達してきた。その国の実状に合った、合理的な社会保障が整備されていったのである。

日本では、その部分がすっかり抜け落ちているのだ。

●先進国として恥ずかしくない社会保障制度を

日本の経済学者や政治家たちは、日本経済が復活すれば、生活保護の問題などはたちまち解決してしまうと思い込んでいる。だから、社会保障の整備よりも、景気対策を優先させてきた。それがバブル崩壊以降の日本の姿である。

そして、ご存じのように、その考えはまったく的《まと》を射たものではなかった。2000年代に入って名目上の好景気の時期はあったものの、国民生活は悪化しつづけ、生活保護の受給者も増えつづけた。

そもそも、「経済を復活させればすべて解決する」という考え方が時代遅れなのである。日本の高度成長期というのは、日本史上稀《まれ》に見る幸運な時期だったのである。欧米諸国の産業力が伸び悩み、アジア諸国はまだ眠ったままだった時期だからこそ、成しえたことなのだ。

現在と当時とは状況がまったく違うのだから、これをもう一回やれというのは無理な話である。

また今の日本は、世界経済の中で十分な位置を占めている。世界の富の10％をも有し、国民一人あたりの外貨準備高は世界一である。もし日本がさらに急激な経済成長をし、これ以上、世界の富を集めたならば、今度は世界中から大ブーイングが起きるはずである。

現実的に考えて、「もう一度高度成長期を」というのは、無理なのである。だから、われわれは、社会保障を充実させ、無茶な経済成長をしなくても、社会が成り立っていく仕組みを作らなければならないのだ。

世界経済全体から見れば、日本はこれまで十分に稼いできており、国民全体が不自由なく暮らすくらいの原資は十二分に持っているのである。

今の日本の問題は、稼いだお金が効果的に使われていないこと、お金が必要なところに行きわたっていないことなのである。

日本は自由主義経済を採《と》っている。この自由主義経済においては、貧困や失業は必ず生まれるものである。

経済を自由にしていれば、その社会が必要とする仕事の量と、その社会に存在する労働者の量が、完全に一致するなどということは、ありえない。また、誰にでも必要な富が必ず行きわたる、などということもありえない。

経済を自由にしている限り、「貧困」や「失業」は防ぎきれないものだといえる。その「貧困」や「失業」に対して、適切なケアをするということが、自由主義経済には求められるのである。

もし、このケアを怠れば社会は不安になり、真に自由な経済活動は難しくなる。

しかし、日本は社会保障に関しては明らかに怠ってきたと言わざるをえない。

他の欧米諸国はそうではない。

日本よりも、倍以上の期間をかけて産業が近代化していったために、慢性的に「失業問題」「貧困問題」に悩まされてきた。だからこそ、共産主義という極端な思想も生まれたのである。欧米諸国は、長い間、「失業問題」「貧困問題」に悩まされてきたので、その対処法である「社会保障」も必然的に充実してきた。
日本は、謙虚に社会保障の立ち遅れを自覚し、制度を再構築するべきだろう。

第八章

生活保護予備軍1700万人の恐怖

●日本の生活保護は爆弾を抱えている

ここまで、生活保護にまつわるさまざまな問題を分析してきた。

が、生活保護に関する最大の問題は、実はまだ述べていない。生活保護制度というのは、現在、巨大な爆弾を抱えている。この爆弾に比べれば、これまで取り上げてきた問題などは、物の数には入らないとさえいえる。それくらい大きな爆弾があるのだ。

この最終章では、生活保護における最大の爆弾を追及していきたい。

生活保護における最大の問題点とは、「生活保護予備軍が激増している」ということである。

昨今、生活保護の受給者は激増しているが、今の日本社会は、さらなる生活保護受給者激増の要素を持っている。その要素とは「非正規雇用」である。

詳しくは後述するが、非正規雇用の人たちは、現在こそ、なんとか生活保護を受給せずに生活しているが、彼らの多くは老後の生活力を持たない。だから、現在、非正規雇用で働いている人たちの大半は、老後に生活保護を受給する可能性が充分にあるのだ。

現在の日本では、非正規雇用者が1700万人を超えている。

この人たちのほとんどは、年金の額は不十分である。彼らが高齢者になったとき、ほとんどの人の年金の額は生活保護水準以下だと見られている。それどころか、年金自体に加入していない者も多数いる。一橋大学教授の高山憲之《たかやまのりゆき》氏の研究によれば、非正規雇用の若者の半数弱は厚生年金に加入していない（「週刊ダイヤモンド」2006年12月9日号より）。厚生年金に加入していなければ、本来ならば国民年金に加入しなければならないが、多くはそれもしていないと見られている。

彼らは日本人だから、もちろん生活保護を受給する権利を持っている。

つまり、今後、非正規雇用の人たちが、大挙して生活保護受給者になっていくと考えられるのだ。そうなると、数百万人の単位では済まない。数千万人レベルで、生活保護受給者が生じる。

国民の20～30％が生活保護という事態もありえるのだ。

これはけっして空想上の話ではない。

このことは、データにもはっきり表われていることである。現状でさえ低所得者層が増えつづけている上に、1700万人の新たな生活保護受給者が出現するのである。このままいけば、おそらく生活保護受給者は、そう遠くないうちに1000万人を突破するだろう。そして、20年後には、2000万人を突破する可能性もある。どんな楽観的な経済評論家でも、このデータに抗《あらが》うことはできないはずだ。

現在の生活保護には、一部には不正受給があったり、生活保護を受けながらパチンコや遊興にふけっている人がいるのは事実である。しかし、このことを捉《とら》えて、生活保護における問題点をすり替えてはならない。不正受給などの問題は、生活保護の抱える最大の問題に比べれば、枝葉にすぎないのだ。

本章では、激増する生活保護予備軍の実状と、その原因について述べていきたい。

●非正規雇用が増えた理由

非正規雇用の現状について、もう少し詳しく言及したい。

219ページの表は、1990年以降の非正規雇用の人数の推移を表わしたものである。この表を見ればわかるように、１９９０年代の後半から、非正規雇用は急激に増加している。

なぜ非正規雇用は増えたのか？

よく言われるのが、若者が自由な生き方を求めてフリーターを選択するようになったから、ということである。

しかし、それは後付けの理屈だといえる。

たしかに正規社員になるのを嫌ってフリーターを選択しているという若者もいる。しかし、それは全体から見れば少数であり、ほとんどの非正規社員は正社員になることができなかったのである。

正社員の有効求人倍率は、近年「１」を超えたことがない。２００９年前後には、０・３を切っていたこともあり、現在も０・５を切っている。これは、正社員を希望する人に対して、50％以下の就職口しかないということである。

この労働状況こそが、非正規雇用が増大している要因なのだ。

しかも、１９９０年代後半からは、国が非正規雇用の増大を後押ししているのである。

バブル崩壊後、財界は、「雇用の流動化」と称して、非正規雇用を増やす方針を打ち出した。たとえば1995年、日経連（2002年、経団連と統合。現在の日本経団連）は「新時代の〝日本的経営〟」として、「不景気を乗り切るために雇用の流動化」を提唱している。雇用の流動化というのは、いつでも首を切れて、賃金も安い非正規社員を増やし、人件費を抑制しよう、ということである。

これに対し政府は、財界の動きを抑えるどころか逆に後押しをした。1999年には、労働者派遣法を改正した。それまで26業種に限定されていた派遣労働可能業種を、一部の業種を除外して全面解禁したのだ。

2006年には、さらに労働者派遣法を改正し、1999年改正では除外となっていた製造業も解禁された。これで、ほとんどの産業で派遣労働が可能になったのである。

労働者派遣法の改正が、非正規雇用を増やしたことは、データにもはっきり出ている。90年代半ばまでは20％程度だった非正規雇用の割合が、1998年から急激に上

非正規雇用の増加状況

年	人数（万人）	労働者に占める割合（％）
1990	870万人	20.0%
1995	988万人	20.8%
1998	1161万人	23.5%
2000	1258万人	25.8%
2001	1347万人	27.1%
2002	1394万人	28.7%
2003	1481万人	30.2%
2004	1538万人	31.4%
2005	1577万人	32.2%
2006	1646万人	33.2%
2007	1706万人	33.6%
2008	1719万人	33.9%
2009	1677万人	33.3%
2010	1690万人	33.6%
2011	1717万人	35.4%

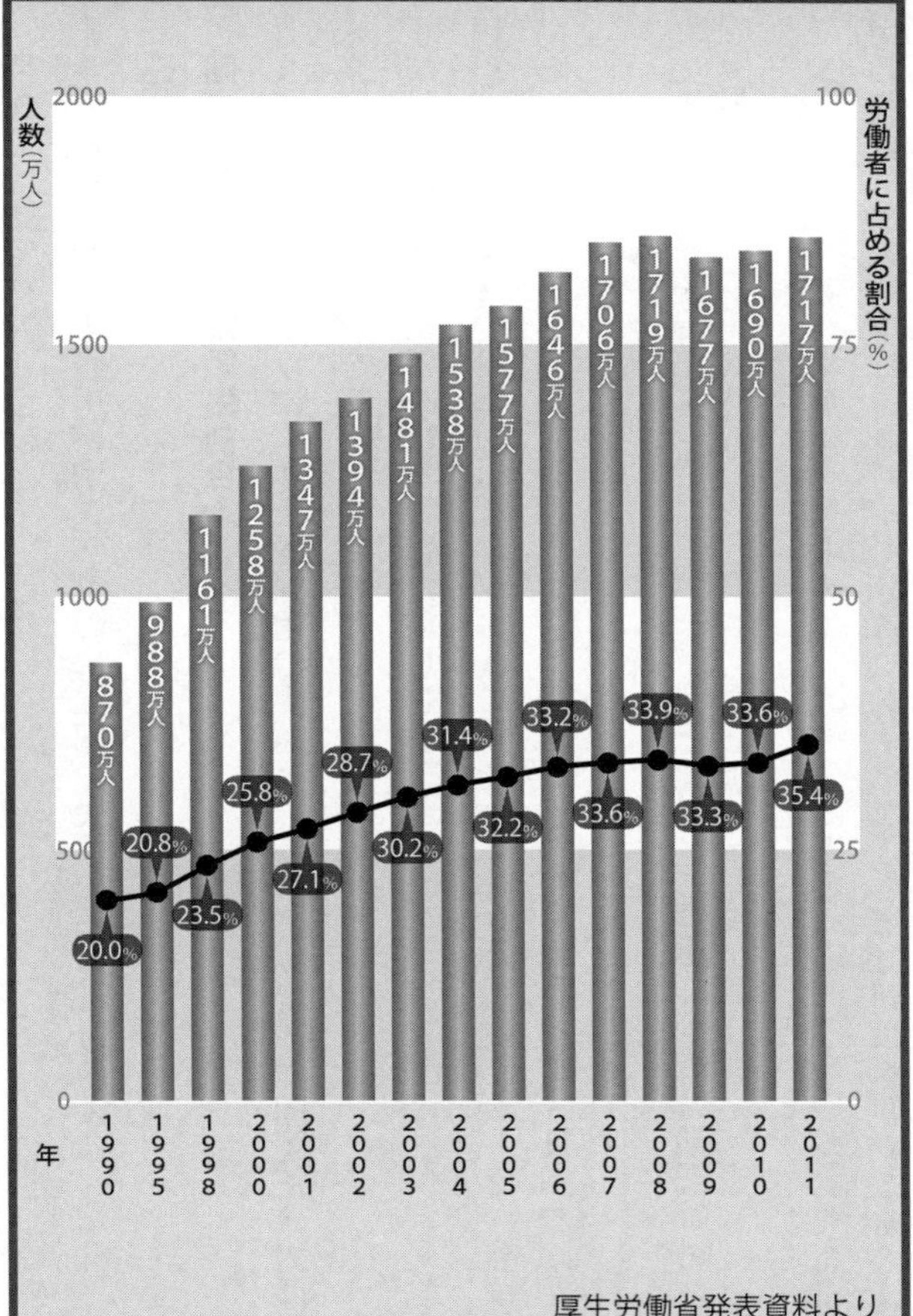

厚生労働省発表資料より

昇し、現在では30％を大きく超えている。

つまり、近年、非正規雇用が増大したのは、国の失策のためだといえる。

●先進国で最悪の非正規雇用割合

これまで述べてきたように、非正規雇用の問題というのは、現在の問題だけではなく、未来にも大きな災いをもたらすものなのである。

「非正規社員の増加は世界的に不景気だからしょうがない」

と思っている人も多いかもしれない。しかし、それは事実ではない。

というのも、先進国の中でこれほど非正規雇用が増えているのは、日本だけなのだ。

現在の日本は非正規雇用の割合が34・6％であり、先進国の中では最悪なのである。

ヨーロッパ諸国では、労働者の権利がしっかりと守られており、フランスでは非正規雇用の割合は20％以下であり、イギリス、ドイツなどもほぼ同じ水準である。競争社会のアメリカでさえ、非正規社員は約4000万人で、総労働力に占める割合は27％である。

先進国の中では、日本だけが突出しているといえる。また非正規雇用者に対する待遇も、日本は最悪である。

222ページの表のように、非正規雇用者（パートタイマー）の賃金は、日本の場合、正社員の半分以下である。

フランスでは実に8割もあり、正規雇用者との差がほとんどない。ドイツ、イギリスも正規雇用者の賃金の半分は優に超えている。またアメリカのパートタイマーの賃金に関するデータはないが、アメリカは労働組合が強く、また労働者の権利も保護されているため、日本より賃金が低いということはない。

先進諸国では、非正規雇用者でも、正規雇用者とそれほど変わりがない生活が送れるということである。

日本の場合は、非正規雇用者が激増している上に、非正規雇用者になれば普通の生活ができないのである。

先進国のパートタイマーの賃金（2003年）（平均賃金との比較）

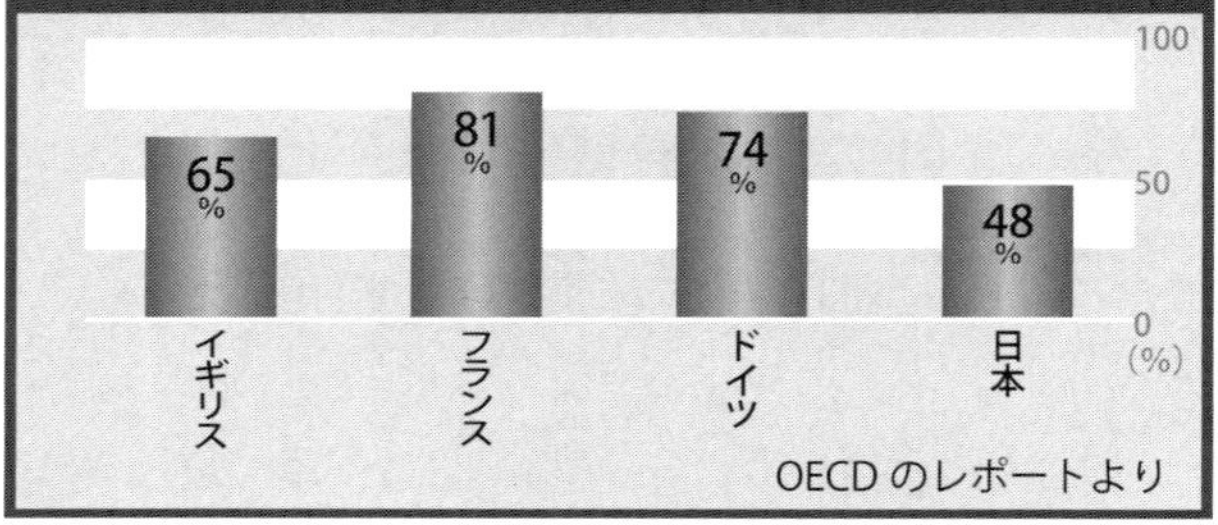

日本の経済政策では、近年、大企業の業績を優先させ、非正規雇用を増大させた。その結果がこの体《てい》たらくなのである。一刻も早く、非正規雇用の問題を解決しなければ、日本の将来は暗澹たるものになるはずだ。

●最低賃金も先進国で最悪

また日本では派遣労働の問題とともに、最低賃金の安さという問題もある。これがまともに働いても生活できない「ワーキングプア」を生み出している直接の要因といえる。

実は日本は、最低賃金でも先進国で最悪である。２２３ページの表のように、あろうことか移民の国アメリカよりも、最低賃金が低いのである。

しかもアメリカには低所得者には所得補助の制度があ

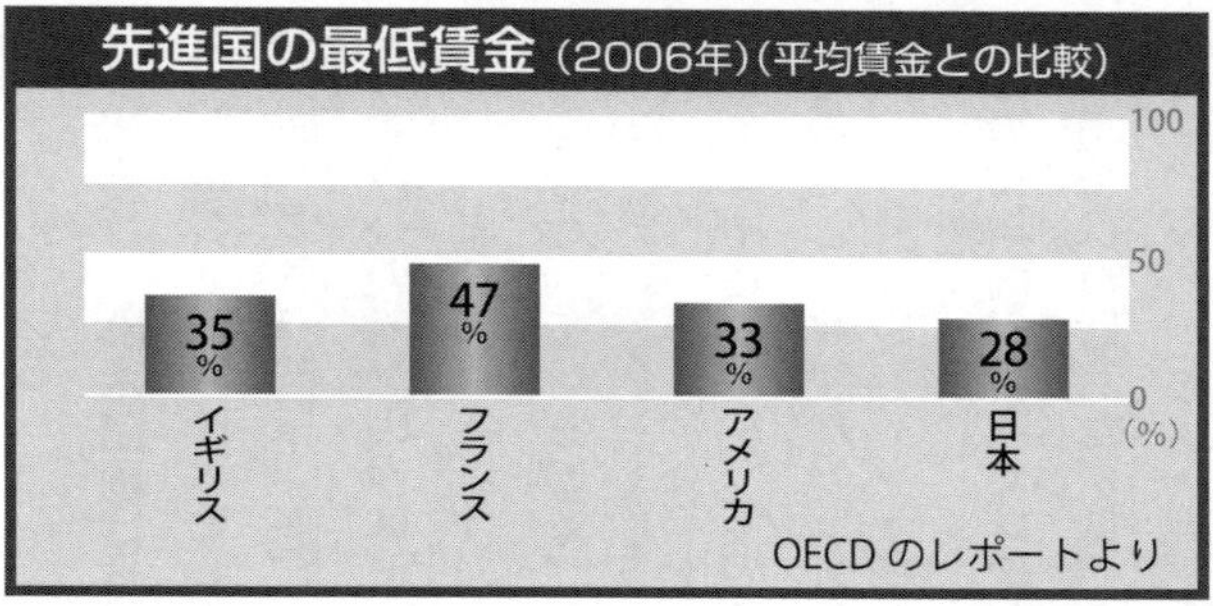
先進国の最低賃金（2006年）（平均賃金との比較）
100
50
0
（%）
35%
47%
33%
28%
イギリス
フランス
アメリカ
日本
OECDのレポートより

り、イギリスなどにも同様の制度がある。だから他の先進諸国は最低賃金が低くても、低所得者は救済されるのである。

日本の場合は、最低賃金が低い上に、救済も処置もほとんどない。

最低賃金が低いために、非正規雇用者などの賃金が低く抑え込まれ、そのためにワーキングプアが大量に発生しているのである。

ワーキングプアを解消するためには、最低賃金を上げれば済むことである。

なぜ政府は最低賃金を低水準で放置してきたのか？

これについて政府は、「企業の国際競争力を保つため」、と言い訳してきた。

しかし、他の先進国は、日本より高い最低賃金でもやってきたのである。

日本人は、欧米諸国は日本よりも競争の激しい「弱肉強食」の社会だと思っている。しかし、それは大きな誤解である。欧米諸国は、能力による競争は激しいが、その反面、弱者の権利は強固に守られている。

日本以外の先進国のほとんどは労働組合が強い力を持っており、労働者の権利も大きい。つまり、日本以外の先進諸国は、労働者の権利をしっかり守った上で、厳しい競争を行なっているのだ。日本のように、「競争に負ければ地獄」というような極端な社会ではない。

日本は中途半端に欧米の資本主義を取り入れたために、現在、社会に大きな欠陥を抱えることになったのである。

●この10年間、日本ではほとんど最低賃金が上がっていない

前項では最低賃金が低いことが、ワーキング・プアを生み出した大きな要因だと述べた。

最低賃金上昇率の国際比較（2005年を100とした場合）

国名＼年	2005年	2010年
日本	100	109
アメリカ	100	141
カナダ	100	140
イギリス	100	117
韓国	100	133

各国統計より著者が作成

現在の日本の最低賃金の低さは、この10年間の経済政策に起因しているのである。最低賃金というのは、国が決めることである。企業が決めることではない。国が最低賃金を決めたならば、企業はそれに従わなくてはならない。最低賃金というのは、国の意向でどうにでもなるのだ。

だから最低賃金が低いということは、国が最低賃金を低く抑え込んできたということだ。つまり、この10年間の大企業優先、富裕層優先政策によってもたらされたものである。

この5年間の最低賃金上昇率の国際比

較を見ていただきたい。

日本は先進国の中ではもっとも上昇率が低い。高止まりしているイギリスよりもさらに低いのである（ドイツ、フランスなどのデータは貨幣がユーロ化したので、載せていないが、労働政策が発達している欧州諸国で日本より最低賃金の上昇率が低いことはありえない）。

「日本はこの10年間、不景気だったから最低賃金が上がっていないのじゃないか？」

と思う人もおられるだろう。

が、それは勘違いである。何度か触れたように、この10年の間には、日本では「いざなみ景気」と呼ばれる史上最長の好景気の時期もあったのだ。しかし、そのときにも最低賃金はほとんど上げられていないのだ。

いかにこの10年間、日本という国が低所得者をおろそかにしてきたか、ということである。それがデータには正直に表われている。そして、それが日本の将来に暗い影を落としているのである。

●人件費削減の一方で、企業は３００兆円もため込んでいる

これまで日本は非正規雇用が多すぎる、最低賃金も安すぎるという話をしてきたが、それを聞いてこういうふうに思った人もいるだろう。

「日本は景気が悪いから仕方ないだろう。企業だって苦しいのだから」

たしかに、もし企業も苦しいのであれば、それはお互い様であり、みんなで我慢しましょうということになる。しかし、実際はそうではないのだ。

日本の企業は、実は近年、貯蓄を激増させているのである。

今の日本の企業は、約３００兆円の内部留保金を持っている。内部留保金というのは、企業の利益のうち、配当などに回さずに企業の中に残ったお金のことである。つまりは、企業の利益の集積といえる。

これが約３００兆円もあるのだ。

この３００兆円という金額は、巨大すぎて普通の人には実感として捉えられないだろう。日本の国税収入が現在30〜40兆円なので、国税収入の10年分に近い数字なのである。

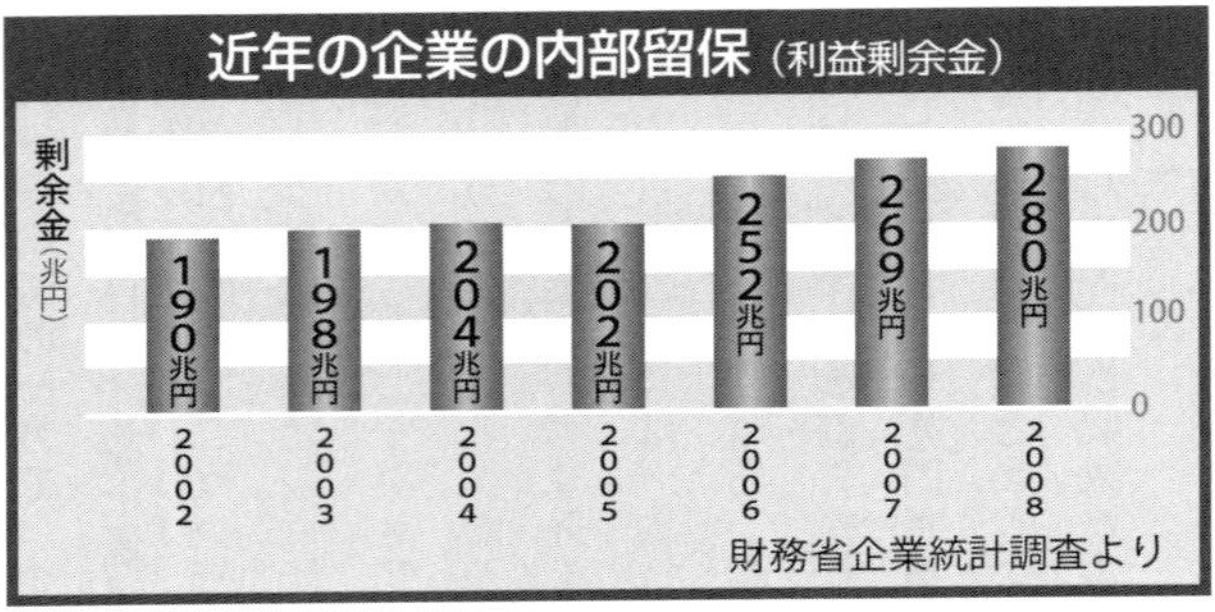
近年の企業の内部留保（利益剰余金）
剰余金（兆円）
300
200
100
0
190兆円
198兆円
204兆円
202兆円
252兆円
269兆円
280兆円
2002
2003
2004
2005
2006
2007
2008
財務省企業統計調査より

これを日本国民全部に配布するなら、一人当たり250万円ずつ配れる額である。もし4人家族ならば、1000万円がもらえる計算になる。

日本の生活保護支出が3兆円ちょっとだから、今の日本の企業には、生活保護費の100倍近くの貯金があるということである。

しかも、企業の内部留保金はこの10年で激増している。

上の表を見ればわかるように、企業の内部留保金は近年、大幅に増えているのだ。

2002年には190兆円だったものが、2008年には280兆円にまで膨れ上がっている。たった6年で1・5倍になっているのだ。東日本大震災で、若干は目減りしているかもしれないが、震災での被害総額は30兆円程度と言われているので、企業の被害を最大限に見積もっても、内部留保金の1割にも満たないだろう。

つまり、昨今の日本の企業というのは、人件費はさんざん削りながら、自分だけはしっかりため込んできたのである。

今の日本は「企業栄えて国滅びる」の図なのである。

これを見れば生活保護が激増しているのは、景気の問題などではないことがわかるはずだ。経済政策の失敗であり、人災なのである。

●自殺者の激増と生活保護の関係

これまで、生活保護の増加は経済政策の失敗から来ていると述べてきたが、それは自殺者数の増加を見ても明らかである。

近年、日本では自殺者が年間3万人を超えているが、この自殺者の増加と生活保護の増加には実は深い関連があるのだ。

警察庁の発表によると、自殺の理由には、経済的理由が8000人以上もいる。ま

平成21年度の自殺者の動機

	家庭	健康	経済	職場	男女	学校	その他
自殺者（人）	4,117	15,867	8,377	2,528	1,121	364	1,613
前年からの増加率（%）	5.2	4.7	13.1	4.8	0.5	-5.9	4.9

警察庁発表資料

た健康上の理由で自殺をしている人が1万6000人近くいるが、これには病気により経済負担に耐えられなくなったというケースが多々含まれると見られる。それを合わせると、事実上の経済的理由による自殺者は2万人以上になる。

この経済大国日本で経済的理由による自殺者が2万人いるのである。大変な異常事態である。

世界的に見ても、日本の自殺率はひじょうに高い。WHOの2009年の発表では、日本は調査対象国103カ国のうち第6位である。世界で6番目に自殺率が高いということは、世界で6番目に生きる希望がない国ということである。

しかも日本より上位の5カ国というのは、ロシアをはじめとする旧社会主義国である。彼らは、体制の崩壊で

世界の自殺率ワースト10

順位	国名	自殺率（10万人あたりの人数）
1	ベラルーシ	35.1
2	リトアニア	30.4
3	ロシア	30.1
4	カザフスタン	26.9
5	ハンガリー	26.0
6	日本	24.4
7	ガイアナ	22.9
8	ウクライナ	22.6
9	韓国	21.9
10	スリランカ	21.6

ＷＨＯの2009年最新資料より

社会が混乱しているので、自殺が多いのである。それを割り引けば、日本は世界一自殺が多い国といえる。そして前述のように自殺増加の最大の要因は経済的理由なのである。

そして、この問題でもっとも留意しなければならないことは、日本の自殺率が上昇したのは、この十数年間のことだということである。

1995年の時点では、人口10万人あたりの自殺は17人程度で、先進国の中では普通の水準だった。フランスなどは日本よりも高かったのだ。

しかし90年代後半から日本の自殺率は急上昇し、他の先進国を大きく引き離すことになった。

日本の自殺率を押し上げたのは、中高年男性の自殺の急増である。90年代後半からリストラが激しくなり、中高年男性の失業が急激に増えた。日本の自殺の急増は、リストラが大きな要因といえるのだ。

前述したように90年代後半から、日本の経済社会は、「雇用をおろそかにする」という方向に舵《かじ》をとった。

90年代以前の日本は「一億総中流」とも言われ、国民全体が中流意識を持てるような、豊かな国だった。それは戦後の日本の経済政策で「雇用を守る」ということが最優先事項として重要視されていたからだ。バブル期くらいまでの日本は、ちょっと不景気になっても、なかなか解雇をすることができなかった。

また国民の収入の格差というのは、他の先進国に比べれば少なかった。大企業のトップの給料が、新入社員の給料の10倍にもならない、ということが、欧米の間で、不可思議に見られていたこともあったのだ。

つまり、バブル期くらいまでの日本は、経済が急成長し、国民の雇用は守られ、国民の間の収入格差も少ない（先進国に比較して）、という状況だったのだ。だからこそ、「一億総中流」などという言葉が生まれたのである。

しかし、バブル崩壊以降の日本はそうではなくなっていった。

90年代後半からは、「業績のためならば簡単に首を切る」という考えになっていった。その結果が、自殺の増加であり、生活保護の増加となって表われているのだ。

企業が目先の業績を大事にするようになってから、日本の経済社会は重いツケを払わされることになったのだ。

●最低保障年金など何の役にも立たない

２０１２年４月現在、政権与党の民主党は社会保障の抜本的改革として、最低保障年金制度の導入を検討している。これは月７万円程度の年金を、国民全部に支給するということである。年金を掛けてこなかった人にも適用されるため、非正規雇用者の老後保障にもなる、という目論見《もくろみ》である。

しかし、この最低保障年金は何の役にも立たないだろう。

月７万円程度の年金では、生活保護費の半分程度である。とうてい生活できるものではない。年金を掛けてこなかった人は、この最低保障年金をもらうより、生活保護を選ぶだろう。

また民主党は、この最低保障年金の財源として消費税の増税を検討しているが、これもまったく馬鹿げた話である。消費税というのは、生活に直結する税金である。現在かつかつで生活している低所得者が、もっとも打撃を受ける税金なのである。

非正規雇用者や低所得者が増えたのは、企業を優遇し、企業が過剰な貯蓄をしているからである。企業の金を低所得者に分配しなければ、日本経済の停滞は解消されないのだ。

こんなその場しのぎの改正では、社会保障や生活保護の抱える問題を本質的に解決することなどできるわけがない。

今の日本が一刻も早くしなければならないことは、大企業が過剰にため込んだ貯金を放出させ、非正規雇用者の待遇を先進国レベルに引き上げることである。正規雇用者の6〜7割の待遇を得られれば、生活もしていけるし、老後の生活を賄うだけの年金ももらえることになるはずだ。

日本の企業は、それくらいの体力は十分にあるのだ。

●普通に働けば普通の生活ができる国へ

生活保護の問題を追及していくと、日本という国のアンバランスさが如実に見えてくるものである。

日本は、世界に冠する経済大国である。その日本で、週に48時間働いても、食っていけない人がいるのである。これは、世界的に見ても稀《まれ》なことである。

週に48時間程度働いていれば、世界中のほとんどの地域で、十分に暮らしていけるし、結婚もでき、子供も二、三人は育てられる。しかし日本では、わが身一つであっても暮らしていけない場合が多い。

この雇用環境の悪さが、生活保護受給の急増、高い自殺率の元凶なのである。

また少子化の原因も、この雇用環境が大きな要因の一つである。政府が発表した「子ども・子育て白書」(2010年版)では、結婚しない男女へのアンケート調査で男性の3割以上が、「経済的な理由で結婚できない」と答えていたのである。日本社会が若者に十分な賃金を払えば、結婚率や出産率は跳ね上がるはずである。

「経済的理由で結婚できない」

という若者がこれだけ多いというのは、国家としても恥ずべきことである。

それもこれもすべて、大企業が金を貯め込んで、人件費をケチっていることが要因なのである。企業側としても、若者が金を持っていないということは、自分の首を絞めるようなものである。若者が金を使わないので消費が増えない、それは日本経済のキャパシティをどんどん狭めることであり、長い目で見れば、企業にとっては存立基盤を失っていくことになる。今の日本企業は、「木を切れるだけ切って新しい木を植えていない」ということをしているのだ。だから、今の日本経済はハゲ山のようになって、どんどん活力を失っているのである。

政治家や財界の人たちは、この現実から目を逸《そ》らさずに、日本の将来のことを考えていただきたいものである。

あとがき

生活保護という制度は、さまざまな矛盾をもっている。

筆者は元官僚だが、官僚として生活保護という制度を見た場合、これほど不完全なものはない。日本社会の欠陥が凝縮《ぎょうしゅく》したものとさえいえるだろう。今の生活保護という制度は、これを騙《だま》し取ろうと思っている者にとっては非常に便利で、本当に生活に困っていて国の助けが欲しいと思っている者にとっては非常に不便な制度なのである。

しかし生活保護というのは、近代国家にとって欠くべからざる制度である。

「貧困者を国家が救う」というのは、古代からあった思想である。しかし、制度としてはまったく不十分で、国家の懐《ふところ》具合や、為政者の気まぐれに翻弄《ほんろう》され、貧困者が根絶することはなかった。

そしてさまざまな紆余曲折《うよきょくせつ》を経《へ》て、20世紀になってから、「貧困者は国家から助けてもらう権利がある」という、新しい人権思想が近代国家に取り入れられるようになった。これにより、貧困者はお上《かみ》の慈悲にすがるのではなく、自分の権利として、国家に保障を求めることができるようになったのだ。

生活保護が正常に機能する、ということは、自由主義経済においても、非常に重要なことだといえる。自由な経済活動をしていれば、経済的に行きづまる人が出てくることは避けられない。もし自分が働けなくなったとき、収入が途絶《とだ》えたとき、助けてもらえないのなら、人は自分が生きて行くために、必死の行動をするだろう。経済社会は敗戦時の混乱期のように余裕を失い、日々、骨肉の争いが繰《く》り広げられるはずだ。

だから生活保護には欠陥があるからといって、これを排したり、いたずらに縮小されることがあってはならない。お笑い芸人・河本氏の事件だけを見て、生活保護費を削減しようなどという政治家もいるようだが、それは典型的な「木を見て森を見ていない」行為だといえる。

現在の欠陥を修正し、よりよい生活保護制度にしていただきたい。本書にはそんな願いも込められている。

最後に、生活保護という非常に重要なテーマで執筆の機会を与えていただいた祥伝社と、取材に助力いただいた週刊金曜日の片岡氏をはじめ、本書の制作に尽力していただいた方々にこの場をお借りして御礼を申し上げます。

切りとり線

★読者のみなさまにお願い

この本をお読みになって、どんな感想をお持ちでしょうか。祥伝社のホームページから書評をお送りいただけたら、ありがたく存じます。今後の企画の参考にさせていただきます。また、次ページの原稿用紙を切り取り、左記まで郵送していただいても結構です。

お寄せいただいた書評は、ご了解のうえ新聞・雑誌などを通じて紹介させていただくこともあります。採用の場合は、特製図書カードを差しあげます。

なお、ご記入いただいたお名前、ご住所、ご連絡先等は、書評紹介の事前了解、謝礼のお届け以外の目的で利用することはありません。また、それらの情報を6カ月を超えて保管することもありません。

〒101―8701（お手紙は郵便番号だけで届きます）
祥伝社新書編集部
電話03（3265）2310
祥伝社ホームページ　http://www.shodensha.co.jp/bookreview/

★本書の購買動機（新聞名か雑誌名、あるいは○をつけてください）

＿＿＿＿新聞の広告を見て	＿＿＿＿誌の広告を見て	＿＿＿＿新聞の書評を見て	＿＿＿＿誌の書評を見て	書店で見かけて	知人のすすめで

★100字書評……生活保護の謎

名前

住所

年齢

職業

武田知弘　たけだ・ともひろ

1967年福岡県出身。西南学院大学経済学部中退。91年大蔵省に入省し、バブル崩壊前後の日本経済の現場をつぶさに見て回る。99年大蔵省退官、出版社勤務を経てライターとなる。主な著書に『ヒトラーの経済政策』『ヒトラーとケインズ』『ビートルズのビジネス戦略』（ともに祥伝社新書）『戦前の日本』などがある。

http://blog.goo.ne.jp/takedatomohiro

生活保護の謎
せいかつほご　なぞ

武田知弘
たけだ　ともひろ

2012年8月10日　初版第1刷発行

発行者	竹内和芳
発行所	祥伝社 しょうでんしゃ
	〒101-8701　東京都千代田区神田神保町3-3
	電話　03(3265)2081(販売部)
	電話　03(3265)2310(編集部)
	電話　03(3265)3622(業務部)
	ホームページ　http://www.shodensha.co.jp/
装丁者	盛川和洋
印刷所	萩原印刷
製本所	ナショナル製本

造本には十分注意しておりますが、万一、落丁、乱丁などの不良品がありましたら、「業務部」あてにお送りください。送料小社負担にてお取り替えいたします。ただし、古書店で購入されたものについてはお取り替え出来ません。
本書の無断複写は著作権法上での例外を除き禁じられています。また、代行業者など購入者以外の第三者による電子データ化及び電子書籍化は、たとえ個人や家庭内での利用でも著作権法違反です。

© Takeda Tomohiro 2012
Printed in Japan　ISBN978-4-396-11286-8　C0236

〈祥伝社新書〉
黒田涼の「江戸散歩」シリーズ

161

《ヴィジュアル版》江戸城を歩く

江戸城の周辺には、まだ多くの碑や石垣、門、水路、大工事の跡などが残っている。カラー写真と現地図・古地図で親切に解説。歴史散歩に今すぐ出かけよう。

歴史研究家 **黒田 涼**

240

《ヴィジュアル版》江戸の大名屋敷を歩く

東京ミッドタウンは長州藩毛利家の中屋敷跡、築地市場は白河《しらかわ》藩松平家の下屋敷庭園跡……。あの人気スポットも、大名屋敷の跡地だった。

歴史研究家 **黒田 涼**

280

《ヴィジュアル版》江戸の神社・お寺を歩く［城東編］

訪れる優先順位を［★★★］［★★］［★］の三段階で表示。
［城東編］は、銀座・八丁堀、上野・谷中《やなか》、王子・田端より東の社寺、寛永寺《かんえいじ》、浅草寺《せんそうじ》から亀戸《かめいど》天神、富岡《とみおか》八幡まで。

歴史研究家 **黒田 涼**

281

《ヴィジュアル版》江戸の神社・お寺を歩く［城西編］

［城西編］は三田・高輪《たかなわ》、愛宕《あたご》・芝《しば》、湯島・本郷より西の社寺、泉岳寺《せんがくじ》、増上寺《ぞうじょうじ》、護国寺《ごこくじ》、目黒《めぐろ》不動《ふどう》から、日枝《ひえ》神社、神田明神、湯島天神まで。

歴史研究家 **黒田 涼**